1년 2독을 위한
150일 성경통독

1년 2독을 위한

# 150일
# 성경 통독

윤 석 지음

너희는 먼저 그의 나라와
그의 의를 구하여라
그리하면 이 모든 것을
너희에게 더하시리라

로뎀의 뜰

## 150일 성경통독

1판 1쇄 발행 ∣ 2018년 12월 24일
1판 2쇄 발행 ∣ 2019년 10월 25일

저      자 ∣ 윤 석
발 행 인 ∣ 윤 석
발 행 처 ∣ 로뎀의 뜰
출판등록 ∣ 809-93-00146

주      소 ∣ 전라북도 전주시 덕진구 와룡 1길 11-13(송천동 2가)
전화번호 ∣ 063-272-2382, 010-7601-2382

값 10,000원

ISBN 979-11-956953-1-7 03230

# 인사말

88일 성경통독(1년 3독)을 시행한 지 4년이 지나는 시점에서 교회 권사님으로부터 누구나 같이 할 수 있도록 2독, 1독짜리도 만들 것을 제안 받고 고민하고 기도하였습니다. 150일 성경통독(1년 2독), 300일 성경통독(1년 1독)을 만들어 진행하고 있습니다.

세상의 많은 사람들이 성경통독 하는 것이 소망일 것입니다. 그러나 가장 하기 힘든 것이 성경통독입니다. 가장 귀한 일을 시도하지만 많은 유혹 앞에서 포기하기 쉽습니다. 이러한 문제를 극복하기 위하여 만들어진 '디모데316'에서 진행하는 『150일 성경통독』은 『88일 성경통독』과 『300일 성경통독』과 더불어 쉽고 · 깊고 · 재미있게 달려갑니다.

'디모데316'은 함께 만들어 갑니다. 기둥이 되어주시는 내리장로교회의 하종성 목사님의 깊은 분석과 여러 순장들의 헌신은 순원들 모두를 즐겁고 행복하게 이끌어주는 천국열차의 주인공들입니다. 혼자 읽으면 쉽게 지치지만 함께 읽는 통독은 서로에게 격려가 되며 즐겁게 합니다.

개별적으로 진행하지만 그룹별 통독도 시범운영하고 있습니다. 각자의 처한 곳에서 각자의 가능한 시간에 당일 분량을 읽으며, 읽는 자는 순장이 관리하는 카톡에서 운영하고 있습니다. 이러한 방법으로 진행되는 통독방은 2019년 현재 300여 명의 순장님들이 각자 순원들을 섬기고 있습니다. 앞으로 더 많은 사람들에게 소개되어 온 나라 온 민족이 하나님의 말씀을 쉽게 읽고, 하나님이 원하시는 살며, 이 땅이 그리스도의 향기로 진동되기를 소망합니다.

이 책이 나오기까지 신앙의 길을 열어주신 예은교회의 이병우 목사님, 책에 대한 보증의 역할을 감당하며 추천서를 써주신 강남제일교회의 문성모 목사님, 신학의 가르침을 주신 전주대학교의 신약학 조재천 교수님, 구약학 이순태 교수님, 교의학 한병수 교수님, 선교신학으로 세상을 보여주시는 김은수 교수님에게 감사의 인사를 드리며, 하나님께 감사와 찬송과 영광 올려드립니다.

디모데316 대표  윤 석

# 추천의 글

# 생명을 소생케 하는 통독의 길

오래전 어느 부흥강사님이 이런 말씀을 하셨습니다. "적어도 신앙인들이라면 자기 나이만큼이라도 성경을 읽어야 합니다. 20살이면 20번 40살이면 40번은 읽어야 합니다." 저는 그분의 말씀을 들으면서 목사로서 참 부끄러웠습니다. 왜냐하면 저는 제 나이만큼 성경을 읽지 못했기 때문입니다.

책을 읽는 데는 다독과 정독이 있습니다. 성경은 다독해야 하는 책일까 정독해야 하는 책일까 하는 의문을 갖습니다. 성경은 다독도 해야 하고 정독도 해야 하는 책입니다. 물론 성경은 많이 읽을수록 좋습니다.

하나님의 말씀은 살아 있고 활력이 있어 좌우에 날선 어떤 검보다도 예리하여 혼과 영과 및 관절과 골수를 찔러 쪼개기까지 하며 또 마음의 생각과 뜻을 판단하나니(히 4:12)라는 말씀처럼 하나님의 말씀은 살아 있고 활력이 있기 때문에 읽기만 해도 그 역사하심을 체험하게 될 것입니다.

모든 성경은 하나님의 감동으로 된 것으로 교훈과 책망과 바르게 함과 의로 교육하기에 유익하니(딤후3:16)라는 말씀처럼 성경을 읽으려는 사람은 성령의 도우심을 받아 성경의 행간 속으로 들어가 하나님을 만나야 합니다. 그리고 그 말씀 속에서 하시는 하나님의 음성을 들어야 합니다.

저는 성경을 읽을 때 제가 설교하는 목사이기 때문에 방해받는 것이 있습니다. 그것은 성경을 읽으면서 하나님의 말씀하시는 음성으로 듣기보다 이 구절의 말씀을 통해 어떤 설교할 것인가를 생각할 때가 많아서 성경 읽기에 방해를 받게 됩니다.

사람이 물 위에 뜨려면 온 몸에 힘을 다 빼고 자신을 물에 맡겨야 물 위에 뜰 수 있습니다. 내 모든 것을 다 내려놓고 온전히 성령에 의지할 때 우리는 말씀하시는 하나님을 만날 것이며 그 은혜의 깊은 곳까지 들어갈 수 있습니다.

그럼에도 많은 사람들이 성경을 읽기를 주저하는 이유는 읽어야 할 그 분량이 적지 않고 왠지 어렵게만 느껴지기 때문입니다. 그런 분들에게 윤 석 대표님의 『88일 성경통독』에 이어서 이번에 내어 놓는 『150일 성경통독』을 통하여 성경을 지속적이고 체계적이며 쉽게 읽을 수 있게 될 것입니다.

여러분께서 이 책의 도움을 받아 성경을 읽어가기만 한다면 어느새 우리는 하나님 뜻 안에 담겨 있는 놀라운 십자가의 사랑을 발견하게 될 것입니다.

각종 미디어가 발달하면서 사람들은 오히려 해야 할 일들과 하고 싶어 하는 일들이 더 많아졌습니다. 차분히 앉아 하나님의 말씀을 읽기가 더 어려운 세상이 되었습니다. 바라건대 이 책의 도움을 받으셔서 꼭 성경을 읽으시고 하나님의 뜻을 깨달아 늘 말씀 안에서 깨어있는 성도들이 되시기를 바랍니다.

그러나 너는 배우고 확신한 일에 거하라 너는 네가 누구에게서 배운 것을 알며 또 어려서부터 성경을 알았나니 성경은 능히 너로 하여금 그리스도 예수 안에 있는 믿음으로 말미암아 구원에 이르는 지혜가 있게 하느니라(딤후 3:14-15).

예은교회 이 병 우 목사

# 성경 통독의 새로운 지평을 여는 책

성경은 하나님의 말씀입니다. 성경은 하나님의 약속입니다. 성경은 하나님의 음성입니다. 우리는 성경을 통하여 하나님의 말씀을 받고 성경을 통하여 하나님의 약속을 믿으며 성경을 통하여 하나님의 음성을 듣습니다. 성경은 하나님의 완전한 계시를 담고 있는 책입니다. 그러므로 성경에서 하나라도 뺄 수 없고, 성경에 어느 하나를 더할 수도 없습니다.

하나님의 말씀이요 약속이요 음성인 성경을 가까이한다는 것은 하나님과 동행한다는 의미입니다. 하나님의 말씀을 마음에 담고 살 때 마귀의 시험을 이길 수 있습니다. 예수님의 마귀 시험을 이기는 비결은 "기록되었으되, 또 기록되었으되"라는 말씀 제시였습니다. 또한 하나님의 약속의 말씀은 우리 믿음의 근거입니다. "구하라 주실 것이요" 이 약속의 말씀에 의지하여 우리는 기도하고 응답을 기대하며 살아갑니다. 그리고 우리는 성경을 통하여 말씀하시는 하나님의 음성을 매일 듣고 살면서 성령 충만을 경험합니다. 하나님의 사람으로 하나님의 뜻을 이루며 성령의 열매를 삶에서 풍성하게 맺을 수 있습니다.

이단들은 성경의 말씀을 왜곡하여 믿는 자들을 유혹하고 있습니다. 잘못된 신학이 하나님의 말씀의 권위를 인간의 이성으로 난도질하여 하나님의 말씀이 되지 못하게 합니다. 인간의 이성이 하나님의 말씀에 도전하며 반항하고 있습니다. 하나님의 말씀에 대한 절대적 믿음과 순종이 요청되는 시대입니다.

이러한 시대적 요청 속에서 윤 석 대표님의『150일 성경통독』이 발행되었습니다. 이 책은 성경통독을 위한 이론서가 아닙니다. 다년간의 성경통독에 대한 경험과 기도가 모아져서 만들어진 성경통독의 실천서입니다. 윤 석 대표님은 이미 2014년부터 시작하여 순장들과 함께 성경통독을 진행하고 있습니다. 1년 3독을 위하여 88일 성경통독, 1년 2독을 위하여 150일 성경통독, 1년 1독을 위하여 300일 성경통독을 진행하고 있으며 헌신된 300여 명의 순장들이 카톡방에서 순원들을 섬기고 있으며, 매일 완독률이 96%를 넘고 있습니다.

믿음은 들음에서 난다고 하였습니다.(롬10:17) 그러므로 부지런히 성경을 읽고 암송하는 가운데서 믿음이 강해지고 영적인 건강상태를 유지해야 합니다. 이 책이 한국교회의 성경통독의 새로운 지평을 여는 지침서가 되기를 바랍니다. 그리고 성경을 하나님의 말씀으로 200% 믿으며, 그 말씀의 능력으로 세상을 변화시키는 놀라운 역사가 나타나기를 소원합니다.

문 성 모 목사
(강남제일교회 목사/ 전 서울장신대 총장)

## 📖 성경에 대하여

▶ 하나님의 감동에 의하여 쓰여진 성경은 1400여년의 서로 다른 시기에 40명의 서로 다른 사람들에 의하여 히브리어 헬라어 아람어로 쓰여진 책입니다.
▶ 성경 전체의 주제 : 하나님 나라의 회복이며
   구약 : 오실 예수 그리스도에 대하여
   신약 : 오신 예수 그리스도에 대하여 쓰인 것으로서 하나님 나라의 완성에 이릅니다.
▶ 읽는 방법 : 종합적인 접근 – 성경을 앞뒤 연결하여 이해하고
            분석적인 접근 – 성경을 깊이있게 연구합니다.

## 📚 150통독은...

▶ 쉽고 · 깊고 · 즐거움을 추구합니다.
▶ 내용별 분류와 순차적인 흐름으로 성경말씀의 이해가 쉽고
▶ 하나님 마음으로 깊이 있게 읽으며
▶ 가슴으로 받아들이며 하나님의 선교를 실천합니다.

## 📝 150일 성경 통독(카톡에서 그룹별 진행 시 적용) 방법

▶ 요약글 · 묵상글 · 기도글 등을 읽고 성경 본문을 읽습니다.
▶ 매일 완독 보고를 올리고, 기도합니다.
▶ 순장은 통독 외의 다른 내용을 삼가(본질을 벗어날 수 있음)합니다.
▶ 지속된 미완독자는 자격상실(통독 분위기 위하여)합니다.
▶ 선행통독이 유익 (밀리지 않고 온종일 성령충만)합니다.
▶ 수련회 · 단기선교 시 미리 읽는 것이 유익합니다.
▶ 특별한 사정 생기면 순장님께 보고하여 통계표에서 잠시 제외함으로 다이나믹하게 통독을 즐깁니다.

※ 규칙 준수는 약간의 긴장감을 유발하며 그리스도의 훈련된 군사로 만들기에 유익합니다.

# 목 차

# 성경통독의 맥

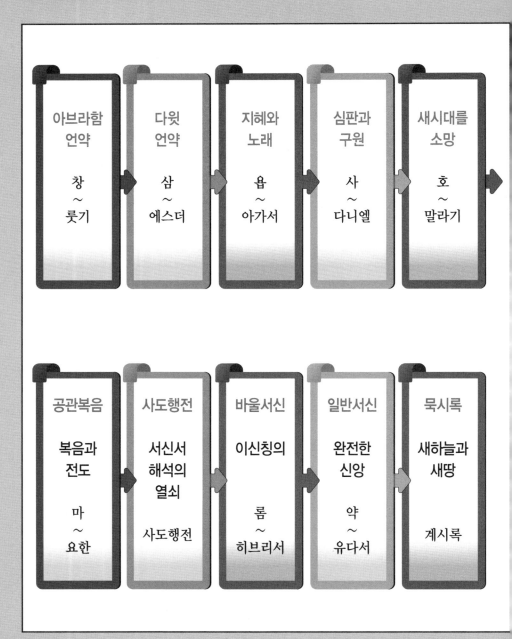

| 아브라함<br>언약<br><br>창<br>~<br>룻기 | 다윗<br>언약<br><br>삼<br>~<br>에스더 | 지혜와<br>노래<br><br>욥<br>~<br>아가서 | 심판과<br>구원<br><br>사<br>~<br>다니엘 | 새시대를<br>소망<br><br>호<br>~<br>말라기 |

| 공관복음<br><br>복음과<br>전도<br><br>마<br>~<br>요한 | 사도행전<br><br>서신서<br>해석의<br>열쇠<br><br>사도행전 | 바울서신<br><br>이신칭의<br><br>롬<br>~<br>히브리서 | 일반서신<br><br>완전한<br>신앙<br><br>약<br>~<br>유다서 | 묵시록<br><br>새하늘과<br>새땅<br><br>계시록 |

도표1. 150일 성경통독 2019. 윤 석

# 인류 구원의 조감도

**창조 (창 1:26)**

은혜 – 하나님의 일방적 사랑
　(창조, 출애굽, 홍해 건넘 등)
제사 – 하나님께 나아가는
　　거룩 방법
율법 – 구원받은 자에게 주신
　　복된 통로 (책임 물으심)
믿음 – (노아.아브라함.야곱.
　　모세 히 11장)

아담(첫 사람) 창 1:27, 2:7
노아(홍수 심판) 창 7장
아브라함(순종) 창 12:4
야곱(민족의 틀) 창 28:14
모세(제사.계명) 출 3:10,
　　　　　　출 20, 28장
다윗(믿음) 삼상 17:47

이사야(포로예언) 사 5:13
　(예수예언) 사 53장
포로기 70년 왕하 24장-25장
　　　　대하 36장

예레미야(새언약)
에스겔(새언약)

〈죄〉

솔로몬(불순종.타락)
왕상 7:8,
　　11:3,9,34-35
분열왕국(우상숭배)
왕상 12-왕하 25장
대하 11-36장

말라기
(형식주의, 회의주의)

아담언약 창 1:28
노아언약 창 9:1
아브라함언약 창 12:2
모세언약 출 20장
다윗언약 삼하 7장
새언약 렘 31:31-34
새언약 겔 36장

〈이스라엘 구원〉

제사장나라
출 19:6
택한 백성
신 7:7 신 26:5

하나님의 종
사 41:8
남은자
사 10:20-22
미 2:12

〈이방인 구원〉

모든 민족 창 12:3
다말 창 38장
잡족들 출 12:38
거류민 레 16:29

라합 수 2장
룻 룻기

애굽,앗수르 사 19:23-25
이방 나라 사 55:5-7
만민 사 56:7
다른민족 사 66:18
여러나라 습 3:8

**여호와를 부르는자** 욜 2:32

---

**예수 그리스도의 영원한 속죄 (히 10:10, 갈 3:13-14)**

삼위일체 하나님
요 1:1-2 빌 2:6

왕의 출현 마 1장, 눅 3:16

속죄제물 되심 히 7:27

할례/무할례 갈 2:3

율법/복음 갈 3:23-29,
　　　　히 10:1-2
복음 롬 1:16, 2:13, 3:19

복음의 승리 고전 15:55-57

믿음으로 구원 갈 3:10-11,
롬 3:24,28 , 창 15:6 , 욜 2:32

경건 딤전 4:6-13 , 약 1:27
　　롬 6장

실천 약 2:17

성화 롬 6장, 살전 5:16-23

유대의 죄
롬 2:1-3:8, 마 23장
막 14:10
이방인의 죄
롬 1:18-32
인류의 죄
롬 3:1-8
빌라도의 죄
막 15장
음행.우상숭배
고전 5장

이단에 속한 죄
요일 2:22

거짓교사
유 4-12절

새언약 롬 8:12 고후 5:17
새언약 히 8:13
믿음 요 1:12
성화 롬 6장

이스라엘의 남은 자
롬 9:27

에디오피아 내시
행 8:26-40
고넬료
행 10:1-23

**남은 자** 행 15:17

**이스라엘과 이방인의 구원** 롬 11:11-25

**영접하는 자** 요 1:12

**은혜로 구원 받음** 엡 2:8

**모든 민족에게 전도** 마 28:19 엡 2:8

---

**새 하늘과 새 땅 (계 21장)**

도표2. 150일 성경통독 2019. 윤 석

# 창세기 1~5장

오늘의 키워드는 **"시작"** 입니다.

성부 성자 성령께서 함께하시는 천지창조의 역사가 시작되었습니다.

해와 달과 별이... 육지와 바다의 많은 생물을...

하나님은 인간에게 자유 의지를 주시고 이 모든 것을 다스리며 생육하고 번성하라고 하십니다.

그런데 사탄의 꼬임에 넘어간 인간의 죄악은 하나님과의 관계가 단절로 이어졌으며 인간은 에덴동산에서 쫓겨나 임신의 고통과 농사의 수고로움이 시작됩니다.

아담과 하와의 변명과 불신의 죄의 속성은 사라지지 않고 가인에게서 살인죄로 이어집니다.

하나님은 죽을 수밖에 없는 죄인을 위하여 짐승을 잡아 가죽옷을 입혀주셨으니

죄에 대한 용서는 피흘림이 있어야 함을 보여 주며 인류 구원의 방법이 예수 그리스도의 십자가의 보혈에 의해 이루어짐을 예표하고 있습니다.

묵상시

말씀 위에 계시는 분이
하늘을 만드시고
땅을 단단하게 만드신 후
각종 실과와 육축을 만드시고
그것을 다스릴 사람을 만드셨네

인간은
과거와 현재와 미래 위에서 살지만
주님의 시간은 한 점 위에 있으니
인간의 머리로는 이해할 수 없는
현실이여
인생의 텃밭에 영혼의 씨앗을 심는
나의 시작이여
나의 인생이여

# 창세기 6~11장

오늘의 키워드는 **"죄악"**입니다.

생육하고 번성하며 다스리라 하셨는데 인간은 성적 타락과 문란함의 죄악이 만연하니 하나님은 노아를 통하여 방주를 만들어 타락한 자들을 멸망시키고 노아의 가족 8명으로 시작하는 인류 역사의 틀을 다시 구축하십니다.

온 땅의 언어가 하나요. 말이 하나였는데 사람들의 욕심은 진흙과 역청으로 쌓으며 바벨탑을 만들었으니, 이는 자신들의 이름을 높이려는 인간의 교만으로 바벨탑의 무너짐과 언어의 혼잡과 흩어짐을 경험하게 됩니다.

인간의 높은 곳에 대한 선호도는 그들이 홍수의 심판을 겪었기 때문이요, 하나님을 의지함으로 천국 백성의 삶을 누리기보다는 우선 당장 눈에 보이는 인본주의 왕국을 더 원하고 있음을 발견합니다. 흩어지지 아니하고 뭉쳐 있으면 자신의 의와 교만이 살아납니다. 나의 모습은 감추고 오직 하나님의 사랑과 영광만을 드러내기 위하여 땅 끝까지 흩어지는 복된 백성 되기를 소망합니다.

### 묵상시

천지를 창조하시고
인간을 만드신 하나님이
생육하고 번성하라 하셨는데
의로움을 상실한채
죄악을 저지르는 인간들,
물의 심판을 당했는가

뉘우침 없이
바벨탑을 쌓는 인간들,
결코 망하지 않는
자신들의 왕국을 만들려 하였지만
하나님이 기초를 흔들어대니
성은 무너지고
죄악의 잔재들만 뒹굴고 있네

# 창세기 12~17장

오늘의 키워드는 **"순종"**입니다.

"네게 보여줄 땅으로 가라"는 말에 순종의 길을 걷는 아브라함을 하나님은 종족의 위험 · 산의 위험 · 강의 위험으로부터 보호하십니다.

규모가 커지면서 발생하는 충돌을 해결하는 과정에서 롯에게 우선권을 주는 아브라함의 너그러운 마음에서 그의 믿음을 발견합니다.

그도 사람인지라 늙은 나이에 이르도록 자녀가 없으니, 그는 자신의 씨앗에서 나올 상속자를 포기하지만 하나님은 그에게 하늘의 별처럼 많은 자손이 태어날 것을 보여주십니다.

기다림에 지친 아브라함이 이스마엘을 낳는 실수를 저질렀으나 하나님은 '순종'의 길을 걸은 아브라함에게 약속의 아들인 이삭을 주실 것을 말씀하십니다. 그리고 언약의 표징으로 할례를 받게 하여 영원한 언약을 삼으십니다.

### 묵상시

하얀 백지 위에
그림을 그리는 화가처럼
하얀 눈길 위에
발자국 남기며
걸어가는 나그네처럼
인생의 미래를 향해
내어딛을 사람아

네게 지시할 땅으로 가라는
명령을 들은 아브라함이
종족의 위험을 무릎쓰고
순종으로 받들었을 때
하나님이 그를
모든 위험에서 보호하시고
믿음의 조상 삼으셨도다

# 창세기 18~25:18절

오늘의 키워드는 **"약속"**입니다.

묵상시

소돔의 죄악이 만연하니 하나님은 그곳으로 가는 중에 아브라함에게 들리시어 아들의 출생을 '약속'하십니다.

이삭이 출생하니 아브라함의 나이가 백세요. 사라-하갈, 이삭-이스마엘 사이의 갈등이 생기니 아브라함이 하갈과 이스라엘을 내쫓습니다. 그들을 내보냄은 약속의 자녀와 함께할 수 없기 때문입니다.

이삭을 번제로 드리라는 말씀에 순종하는 아브라함의 믿음을 테스트하신 하나님은 그곳을 여호와 이레라 하였으니 이는 여호와께서 준비하신다는 뜻입니다.

하나님은 자신의 명령을 받들며 길을 떠난 아브라함을 끝까지 책임지십니다. 또한 그에게 약속하신 민족 형성의 비전을 이삭의 출생과 그가 장성한 후 리브가와의 결혼을 통하여 이루어 가는 것을 봅니다. 하나님은 약속을 반드시 이루시며 약속의 자녀들을 통하여 하나님 나라를 만들어 가시는 분임을 알게 합니다.

순종함으로 길 떠난 아브라함
하늘의 별과
바다의 모래알 같이
자손이 번성하리라 하셨는데

씨앗은 보이지 않고
속절없이 나이만 들어가니
기다림에 지친 아브라함
하갈에게서 이스마엘 낳았네

여호와께서는 약속을 지키시나니
아브라함에게서 나는 자라야
네 씨라 부를 것이니
그의 줄기가 담장 넘어로 뻗어
이스라엘을 이루는도다

# 창세기 25:19~36장

오늘의 키워드는 **"웃음"**입니다.

■ 하마터면 이스마엘에 가려 나올 수 없던 이삭을,
  하마터면 제물로 사라질 뻔 했던 이삭을,
  큰 자가 어린 자를 섬기리라는 계시를 들었는데
  하마터면 장자의 축복을 에서에게 할 뻔 했던 이
  삭을,
  하나님은 약속하신 대로 모든 것을 제자리로 돌
  려놓습니다.

■ 아브라함의 복이 이삭에게로 그리고 야곱에게로
  이어지고 있으니
  외삼촌 라반에게 헛머슴살이 할 뻔 한 야곱에게
  하나님은 모든 것 되찾아 주시고,
  에서에게 죽을 상황에서 필사적인 기도를 드린
  야곱을 보호하시고, 이스라엘이라는 이름을 주
  시어 민족의 틀을 짜십니다.

■ 인생의 풀리지 않는 고민이 있습니까
  하나님의 손에 붙들리면 다 해결 됩니다.
  순종의 씨앗이 자라는 곳에는 보호의 울타리가
  쳐집니다.
  말씀을 믿고 '순종'하는 자에게 하나님은
  슬픔이 변하여 '웃음'이 되게 만드십니다.

초반 점수가 좋아도
9회말까지 지키지 못하면
실패하는 게임이요
인생 초반이 좋아도
인생 말년까지 지키지 못하면
실패하는 인생이니

마지막까지 성공하는 자라야
진정한 웃음의 주인 됨이라

거친 인생길을 걷는 자여
진정한 웃음을 구하여라
아브라함의 하나님이
영원한 웃음 주시나니
믿고 구하고 따르면
고난이 변하여 웃음 되리라

# 창세기 37~41장

오늘의 키워드는 **"꿈"**입니다.

하나님은 아브라함에게 약속하신 민족의 그림을 요셉을 통해 그리십니다.

요셉을 애굽의 곡창지대에 미리 보내어 자리 잡게 하시고 야곱의 가족을 이주시키며 이스라엘 민족의 터전으로 삼으십니다.

요셉을 민족 부흥의 도구로 사용하심은 그가 하나님이 보여주신 꿈을 순종으로 받들며 음란의 유혹을 말씀으로 물리치는 믿음의 청년이기 때문입니다.

요셉의 이야기 속에 유다의 내용이 기록됨은 장차 유다가 이스라엘 지도자로 부각되기 때문입니다.

하나님이 찾는 사람은 말씀을 순종으로 받아들이는 요셉입니다. 우리가 가꾸어야 할 세상은 말씀의 터전에서 순종의 모본이 되며 사랑과 용맹함으로 주님 나라를 가꾸는 것입니다.

## 묵상시

하나님은 온유한 자에게
꿈을 주시나니
하나님이 주신 꿈을
자기의 것으로 받드는 요셉은
형들 앞에서 모두 말하였네

형들의 시기에 빠진 요셉
죽을 고비를 넘기고
애굽으로 팔려가며
감옥까지 들어감으로
인생의 승리를 위한 과정이었네

산이 높으면 골이 깊은 법,
꿈을 꾸는 자여 일어나라
태풍이 와도 무너지지 않도록
하늘에 뿌리를 내리고
나라와 민족과
주님 나라 위하여 일어나라

# 창세기 42~50장

오늘의 키워드는 **"이동"**입니다.

하나님은 15장에서 약속하신 민족 부흥의 예언을 이루시려고
요셉을 애굽 총리로 세우신 뒤
양식을 구하러 내려온 그의 형제들과 아버지인 야곱을 애굽으로 이동하게 하십니다.

형제를 만난 자리에서 요셉은 하나님이 큰 구원을 이루시려고 이곳에 나를 먼저 보냈나이다라고 말하며 형제들을 안심시켜 줍니다. 그리고 굶어죽을 그의 가족을 풍족한 곳으로 인도합니다.

400년의 시간 동안에 야곱도 죽고 요셉도 죽었지만, 하나님은 70명의 가족으로 큰 민족을 이루게 하셨으니 이는 아브라함에게 약속하신 것을 이루시는 것입니다.

하나님은 하나님의 뜻을 이루기 위하여 준비된 사람을 찾으십니다. 주의 말씀을 순종함으로 받드는 자, 정직하며 순결하여 하나님의 마음을 담기에 합당한 자를 들어서 주님 나라를 이루는 도구로 사용하십니다.

하나님이 주신
꿈을 향해 달리는 요셉
고난의 깊은 수렁을 지나
애굽 총리까지 올라갔네
다가올 흉년을 대비하여
고향 땅을 떠나
애굽으로 향하는
70명의 가족이 400만이 되었음이여

지시할 땅으로 향하는
아브라함처럼
인도하심을 따르는
야곱의 자녀들처럼
천국까지 달려가야 할 우리
말씀으로 똘똘 뭉친 통독 식구들이여
나의 사랑이여
우리의 희망이여

# 출애굽기 1~6장

오늘의 키워드는 **"소명"**입니다.

애굽의 왕자 신분에서 도망자가 된 모세는 광야에서 하나님을 만나고 고난의 훈련을 통하여 민족을 이끌 지도자로 훈련받고 있습니다.

애굽의 핍박은 날로 심해져서 고통 받는 백성은 하나님께 부르짖고, 하나님은 백성을 이끌 지도자로 연단 받은 모세를 애굽으로 보내십니다.

- 나는 입이 뻣뻣하고 혀가 둔합니다
- 누가 사람의 입을 지었느냐 나는 여호와가 아니냐
- 이제 가라 내가 네 입에 함께 있어 할 말을 가르치리라

드디어 모세와 그를 돕는 아론이 민족 해방의 소명을 품고 완악한 애굽 왕 바로의 전을 향하였으니

이는 민족 부흥의 '소명'이 그들의 가슴을 요동침이요. 하나님이 그들보다 앞서 가시며 그들이 행할 것들을 미리 가르치십니다.

**묵상시**

모세가 궁중을 떠났으며
광야를 지나 바로 앞에 다시 선 것은
그의 가슴에 타오르는
소명의 불씨가 있기 때문이네

입이 뻣뻣한 그에게
든든한 아론을 붙여주심 같이
완악한 바로 앞에서 당당함 같이
하나님은 소명의 사람을 도우신다네

나는 무엇을 위해 타오르는가
거친 들판의 화목을 위함인가
돈과 명예와 권력을 위함인가
잠들어있는 영혼들을 밝히기 위함인가

나는 입은 우둔하고 뻣뻣하오나
나의 가슴에는 소명의 불씨가 타오르나니
주의 나라와 의를 위하여
주님이 원하시는 모습으로 사용하소서

# 출애굽기 7~11장

오늘의 키워드는 **"재앙"**입니다.

430년간 애굽에서 노예 생활을 하던 백성이 하나님을 알지 못하였기 때문에 하나님은 그들을 애굽에서 빼내는 과정에서 하나님을 가르칠 필요가 있었습니다.

피·개구리·이·파리·악창·독종·우박·메뚜기·흑암의 아홉가지 재앙을 내리심은 아홉가지가 애굽인들이 섬기던 신이요 그것들의 무력함을 보이는 과정입니다.

9가지 재앙 앞에서도 완악한 바로는 굴복하지 않았으나 10번째 재앙인 모든 처음 태어난 것들의 죽음 앞에서는 굴복하고 결국 이스라엘 백성을 내어줍니다.

하나님이 보내시는 여러 재앙에도 불구하고 돌아오지 않는 자의 결국은 더 큰 '재앙'입니다. 애굽의 장자는 죽으나 이스라엘의 자녀들은 살고, 세상은 죽음 앞에서 떨고 있으나 하나님의 자녀가 담대할 수 있는 것은 재앙의 목적을 알기 때문입니다. 그리스도 안에 있으면 생명이요 그리스도 밖에 있으면 죽음입니다.

### 묵상시

나일강의 풍부한 물은
곡창지대의 풍요함을 만들고
하나님께 감사할 줄 모르는 그곳은
우상만 득실거리고 있네

주변의 보이는 생물이나 무생물이나
너줄하게 나열하며
풍요를 주는 신이라고 말하며
우상으로 섬기고 있네

하나님은 그들이 섬기는 것들을
재앙의 도구로 쓰셨나니
애굽 사람들의 무지함이여
창조주를 외면하는 인간의 사악함이여

장자를 잃고서야 백성을 놓아주는
바로의 무지함이여.
그리스도 안에 있으면 생명이요
그리스도 밖에 있으면 재앙인 것을 아느냐

# 출애굽기 12~18장

오늘의 키워드는 **"출발"**입니다.

바로가 열 번째 재앙 앞에 무릎 꿇었으니 이스라엘은 430년 동안의 노예살이는 끝나고 푸른 홍해를 걸어서 건너고 거친 광야를 향한 '출발'은 하나님의 은혜입니다.

추격해오던 애굽의 전차부대는 바다에 수장되었으니 "너희는 두려워하지 말며 여호와께서 행하시는 구원을 보라 여호와께서 너희를 위하여 싸우시리라."

하나님은 백성을 구름과 불기둥으로 보호하시고 만나로 먹이시고 반석에서 물을 내시며 가나안을 향하여 진군케 하십니다.

아말렉과의 싸움에서 모세가 손을 들면 이스라엘이 이기고 손을 내리면 아말렉이 이기니, 전쟁의 주관자가 하나님이시요 하나님을 의지하면 이기는 것을 보여주는 장면입니다.

하나님을 믿고 따르는 자를 하나님이 구원하시나니 나의 인생 모든 것을 걸고 이제 일어나 믿음의 열차를 타고 '출발'합니다.

### 묵상시

애굽의 노예생활을 청산하고
홍해를 건넌 백성아,
애굽의 전차부대는 홍해에 수장되고
만나로 먹이시고 물을 주셨으니
하나님이 주시는 은혜로다

인생의 죄악을 청산하고
주의 품으로 돌아온 사람아
세상의 어려움이 몰려와도
주의 품에서는 평안이나니
낮에는 구름이요
밤에는 불기둥이라

주의 말씀을 사모하여
통독 열차에 오른 백성아,
세상의 염려와 걱정을 주님께 맡기고
침묵의 기도와
완독의 나팔을 울리며
천국까지 달려가보자

# 출애굽기 19~24장

오늘의 키워드는 **"계명"**입니다.

애굽이라는 가마솥에서 나온 백성은 아무런 법률도 관습도 없이 허허벌판에서 우왕좌왕 떨고 있는데
여호와께서 모세에게 십계명과 여러 법률을 주시어 하나님을 섬기는 방법과 세상 살아가는 방법을 알려주십니다.

또한 안식년과 안식일에 대하여 쉼의 법칙을 가르쳐 주시고 매년 세 번의 절기를 지키라 하셨으니 **무교절**은 애굽에서 나왔음을, **맥추절**은 소득의 첫 열매를 여호와께 드림을, **수장절**은 수확후의 감사하는 마음을 여호와께 드리는 것입니다.

이스라엘 백성에게 출애굽은 애굽에서의 노예 생활을 청산하고 약속의 땅으로 향하는 육체적인 '출발'이라면, 십계명은 이스라엘 백성이 세상의 타락한 문화에 휩쓸리지 않고 오직 하나님만 경외하며 생활하라는 하나님이 내려주신 정신적인 '출발'입니다.

**묵상시**

온상에서 자란 나무
산들바람에도 넘어지나니
그 뿌리가 약함이요

지배만 받던 사람
스스로 할 줄 모르나니
그는 타성에 젖었기 때문이라

애굽의 노예로 있던 백성
자유는 주어졌으나
옳고 그름을 판단하지 못하나니

여호와께서 그들을 구별시키려고
천국 계명을 주셨으니
택함 받은 자의 지킬 규범이라

# 출애굽기 25~31장

오늘의 키워드는 **"성막"**입니다.

출애굽 사건 이후 하나님은 이스라엘 백성에게 율법을 주셨고 성막을 건립케 하시어 하나님이 다스리시는 '신권국가'의 면모를 갖추게 하십니다.

'율법'은 백성이 지킬 규율(성민법)이요

'성막'은 하나님이 임재를 상징하는 곳으로써 백성이 그곳에서 하나님께 제사를 드리며 하나님과 백성의 영적 만남의 장소요 그 안에 있는 지성소는 대제사장이 일 년에 한 번 백성의 죄를 속하는 제사를 드리는 곳입니다.

하나님은 레위지파인 아론과 그의 아들들을 제사장으로 세우시고 백성이 여호와 앞에 나서는 법을 주관토록 하십니다. 성막 뜰의 번제단은 짐승을 잡아 하나님께 제사 드리는 곳으로 예수 그리스도의 대속의 제사를 예표하는 곳입니다. 일꾼들을 지명하시어 회막 기구들을 제작케 하시고 다시 안식일을 지키라 명령하셨으니 안식일을 지킴이 어떤 일보다 우선임을 보여주십니다.

## 묵상시

하나님이 인간을
성막에서 만나주셨던 것처럼
지금도 만나주고 계시니
하나님의 말씀을 사모하는 곳에
하나님이 들어오심이라

절차가 사라진 자리에
주님과의 사랑의 만남이,
격식이 사라진 자리에
주님과의 인격적인 만남이
이루어지나니

삶에 지치고 힘든 자여
아버지의 품으로 들어오라
하나님의 은혜를 아는 자마다
그리스도를 믿음으로
영원한 구원에 이르리라

# 출애굽기 32~40장

오늘의 키워드는 **"척결"**입니다.

묵상시

모세가 시내산에서 내려옴이 더디니 아론이 백성의 요구를 수용하여 금송아지를 만듭니다. 그것을 애굽땅에서 인도하여 낸 신이라 말하고, 그것에 번제를 드리고 먹고 마시며 뛰노는 일을 자행합니다.

여호와께서 방자한 그들에게 진노하시고 진멸하기를 원하셨으니 이때 모세의 편에 서서 그들을 척결하는데 앞장선 레위지파를 하나님이 들어 사용하시어 제사장직을 수행하게 합니다.

여호와께서 성막을 위하여 일꾼을 세우시고 언약궤와 여러 기구들을 만들게 하신 후 성막을 봉헌하게 하셨으니 구름이 그곳을 덮고 여호와의 영광이 가득합니다. 여호와께서 백성을 돌보시나니 낮에는 구름기둥이요 밤에는 불기둥입니다.

모세가 산에서 내려옴이 늦어지니
기다림에 지쳐버린 백성,
'우리를 위하여
우리를 인도할 신을 만들자' 하며
금송아지를 만들었네

모세가 진 문에 서서 이르되
누구든지 여호와 편에 있는 자
내게로 오라 하매
레위 자손이 모여 그에게로 가는지라

하나님을 버리고
목이 뻣뻣해진 백성에게
여호와의 진노로 삼천 명 죽임 당하나
여호와 편에 있는 레위 자손들은
여호와의 마음에 합당하여
제사장 직분을 맡았도다

# 레위기 1~7장

오늘의 키워드는 **"대속"**입니다.

완전하신 하나님이 불완전한 인간을 만나 주시는 곳이 성막이요 제사는 하나님께 나아가는 방법입니다. 이곳에서 직분에 따라 제사를 드리게 하였으니 번제 · 소제 · 화목제 · 속죄제 · 속건제로 분류됩니다.

죄로 인해 죽을 아담과 하와를 짐승을 잡아 가죽옷을 입히신 것처럼 하나님은 인간을 위하여 짐승의 제사를 말씀하십니다.

짐승의 머리에 안수함은 인간의 죄가 전가되는 것이요,

짐승을 잡아 피를 뿌리고 가죽을 벗기고 각을 뜨는 것은 죄의 결과가 얼마나 무서운지를 적나라하게 보여주는 현장입니다.

구약의 제사법에 의하면 지금도 수천만톤의 피을 흘려야 하지만, 하나님은 자신의 아들을 보내시어 단 한 번의 피흘림으로 인류의 살 길을 열어 주셨습니다.

이것이 '대속'이요, 이것이 하나님의 '은혜'입니다.

### 묵상시

불순종하여 떨고있는 아담에게
가죽옷을 입혀주신 하나님,
인간의 죄악을 해결하시려고
흠 없는 짐승을 잡아
속죄제물을 허락하신 하나님,

지금도
죄사함을 위하여
수천만톤의 피를 흘려야 하지만
당신의 아들이
십자가에서 피흘리심으로
속죄제물이 되셨습니다.

수없이 많이 들려오던
짐승들의 울음소리는 사라지고
병사들의 채찍을 맞으며
십자가에서 숨을 거두신 주님은
나의 죄를 대신하여 죽으셨습니다.

# 레위기 8~17장

오늘의 키워드는 **"규례"**입니다.

7일 간의 제사장 위임식이 있은 후 팔일 제사장은 자신을 위해 속죄제와 번제를 드리고 이어서 백성을 위한 속죄제·번제·소제·화목제를 드립니다. 이것은 회개기도와 감사와 찬송과 교제가 이루어지는 현대의 예배와 같은 맥락입니다.

하나님은 이스라엘 백성을 성민으로 살아가야 할 방법을 위하여 음식을 가려서 먹을 것과 몸의 성결에 대하여 지켜야 할 규례를 알려주십니다.

하나님께 드리는 희생 제물을 드리되 반드시 성막에서 드리게 함은 우상 숭배하는 자들이 광야에서 짐승을 잡는 것과 구별되게 하려 하심이요

오랜 종살이로 인하여 법이 없던 백성에게 가나안의 문화에 물들지 않으며 하나님의 백성다운 삶을 살게 하는 '규례'입니다.

**묵상시**

하나님이 백성에게 규례를 주심은
법이 없던 백성이 가나안에 물들지 않고
하나님만 섬기며
성결하게 살라 하심이요

죄인이 짐승의 머리에 안수함은
자신의 죄를 전가시키고
그 짐승이 대신 죽음으로
죄를 용서받는 것이요

정결한 음식을 먹음은
정결한 육신을 유지함이요
부정한 몸은 깨끗하게 씻음으로
정결함을 되찾음이요

홍수처럼 밀려오는 문화의 범람 속에서
육신에서 영혼까지
정결하게 살아야 하나니
주의 규례는 거룩을 위함이라

# 레위기 18~22장

오늘의 키워드는 **"거룩"**입니다.

오랜 노예생활로 인하여 삶의 마땅한 규약이 없는 백성에게 하나님은 거룩의 법을 말씀하십니다. 어린 아이와 같은 순박한 그들의 삶이 타락한 가나안의 문화에 빠져들지 않기 위하여 성적 순결함과 영적 순결을 말씀하십니다.

부모를 경외하고, 우상을 만들지 말고, 이삭도 줍지 말고, 품꾼의 삯을 미루지 말고, 불의한 자의 편에 서지 말고, 공평한 추를 사용하라 하심은 하나님의 법도를 순종하는 자가 행할 거룩의 실천입니다.

제사장이 지켜야 할 거룩의 법은 백성보다 더 엄격합니다. 성적 순결함은 기본이요, 이방인을 아내로 맞이하지 말며, 동족의 처녀와 결혼해야 함은 그 자녀에게서 백성을 대표할 제사장이 나오기 때문입니다.

정결하지 못한 자는 성물을 먹지 말 것과 여호와께 드리는 제물은 상하거나 흠이 없는 것이어야 할 것은 하나님은 거룩하신 분이기 때문입니다. 하나님이 원하시는 제물은 흠 없는 모습이니, 가난한 자를 돕고 고아를 돌보는 것은 성도의 거룩한 모습입니다.

**묵상시**

군인이 필요한 것은 용맹이요
지도자가 필요한 것은 지혜요
의사가 필요한 것은 실력이요
택함 받은 백성에게 필요한 것은
거룩입니다.

가나안의 타락한 문화로부터
백성을 보호하시려고
택함 받은 자에게
거룩의 법칙을 주셨으니

몸의 정결을 위하여
하나님의 규례를 따르고
마음의 거룩을 위하여
믿음과 행함으로 다가서야 하리라

# 레위기 23~27장

오늘의 키워드는 **"절기"**입니다.

매주 지켜야 할 절기로는

인간이 엿새 동안 일 하고 칠일 째 쉬는, 여호와께서 명하신 안식일이요 쉼의 날입니다.

연중 지켜야 할 절기로는 **유월절 · 무교절 · 초실절 · 오순절 · 나팔절 · 속죄일 · 초막절**이 있으니 이는 하나님이 애굽에서 구원하심과 광야에서 보호하심과 한 해 동안의 인도하심에 감사드리는 절기입니다.

안식년과 희년에 대한 규례는 노예제도의 세습 방지와 자본 분배를 통한 평등한 사회를 만드시려는 하나님의 사랑에서 기인된 것입니다.

하나님께 서원한 것은 반드시 갚아야함은 물론이요

소득의 십분의 일을 하나님께 바치라 하심은 우리의 모든 것이 창조주 하나님께로부터 주어지는 은혜이기 때문입니다. 수확의 전부가 하나님의 것이지만 십분의 일을 드리라 하심은 하나님의 주인 되심을 기억하라는 것입니다.

묵상시

출애굽 이후
하나님께서 절기를 지키라 하심은
하나님이 행하신 일을
감사함으로 기억하라 하심이요

엿새 동안 일 하고
칠일째 쉬라 하심은
생육하고 번성하며 생명을 주신
창조주 하나님께 감사하라 하심이요

안식년을 지키라 하심은
땅과 인간의 회복이니
지친 영혼의 쉼과
자본 분배의 평등함을 위함이요

십일조를 바치라 하심은
모든것이 하나님 것이로되
하나님이 주신 것에 대하여
감사의 표현이라

# 민수기 1~10장

오늘의 키워드는 **"조직"**입니다.

성막을 세운 지 한 달째 되던 날에 실시한 체제 점검으로서 가나안 정복 전쟁을 실시하기 전에 실시하는 군사 조직을 정비하기 위한 인구조사입니다.

레위인이 봉사하는 회막을 중심으로 각 지파가 배치되었으니
우측에는 유다 · 잇사갈 · 스불론이요
남쪽에는 르우벤 · 시므온 · 갓이요
서쪽에는 에브라임 · 므낫세 · 베냐민이요
북쪽에는 갓 · 아셀 · 납달리입니다.

레위지파는 제사장 아론을 시중들며 성막에서 시무하는데 고핫 자손은 성물 운반을, 게르손 자손은 천막 운반을, 므라리 자손은 허드렛일을 감당하였으니 각각 은사에 따라 정해진 것입니다.

이 조직은 싸움을 준비하는 군대 조직이라기보다 거룩을 유지함으로 하나님이 행하시는 하나님의 군대조직이니 가나안 전쟁은 하나님이 대신 싸워주시는 하나님의 전쟁입니다.

### 묵상시

하나님의 숫자는 완전하여 7을 이루니
1, 2, 3은
성부, 성자, 성령이요
4, 5, 6, 7은
동쪽, 서쪽, 남쪽, 북쪽이라

성막을 중심으로
사방으로 진을 갖추니
가나안이 벌벌 떨고
세상이 그 아래 얼어붙는도다

하나님을 마음에 품고
세상 깊숙이 파고드는 자 강건하니
거짓 이론은 무너뜨리고
진리와 평화를 건축하여라

# 민수기 11~14장

오늘의 키워드는 **"선택"**입니다.

묵상시

가나안 땅 정탐 보고를 듣고 백성은 밤새도록 통곡하며 애굽으로 돌아가자고 합니다. 이에 여호수아와 갈렙은 백성 앞에서 자신들의 옷을 찢으며 말하기를 "그들은 우리의 먹이라 그들의 보호자는 그들에게서 떠났고 여호와는 우리와 함께 하시느니라 그들을 두려워하지 말라."

이 일 후에 여호와께서는 여호수아와 갈렙 외의 이십세 이상의 모든 사람은 가나안 땅으로 들어가지 못하고 사십 년 동안 광야에서 방황하리라 말씀하십니다. 백성은 자신들이 잘못을 말하지만 또 다시 불순종의 발걸음은 아말렉과의 전쟁에서 패함을 맛봅니다.

애굽에서 인도하시고 홍해를 건너게 하시고 만나와 메추라기와 물을 내시어 백성을 먹이셨는데 아직도 하나님의 절대성을 믿지 못하는 백성의 모습을 보면서 인생행로의 기로에 서 있는 나는 누구의 보고를 믿고 따를 것인가?

이스라엘 지파를 대표하는
열 명의 정탐꾼들
가나안의 풍성한 것들을 보고서
두려움에 떨며 원망하며
그곳에 갈 수 없음을 말하였으나

여호수아와 갈렙
두 사람은 믿음의 눈을 뜨고서
가나안 땅의 보이는 것들은
두려움의 대상이 아니요
우리의 밥이라 하였도다

믿음 없이는 갈 수 없는 인생길
눈에 보이는 세상의 가치가 아닌
눈에 보이지 않는
하늘의 가치를 따르리라

# 민수기 15~19장

오늘의 키워드는 **"권위"**입니다.

묵상시

고라와 몇몇이 모세의 권위에 대하여 정면으로 도전하며 뉘우치지 아니하니 하나님은 땅을 갈라 그와 가족들을 삼키고 모세의 '권위'를 지켜주십니다.

각 지파의 이름으로 12개의 지팡이를 취하여 아론의 지팡이에만 싹이 나게 하셨으니, 이스라엘 앞에서 아론에게 제사장의 '권위'를 세워 주십니다.

백성의 소산물 중 처음 난 것과 소출의 십일조를 하나님께 드리라 하심은 그것을 레위인에게 주시기 위함이요, 레위인이 얻은 십일조 중의 십일조를 하나님께 드리라 하심은 그것을 아론에게 주시기 위함입니다.

하나님은 모세와 아론에게 고라 일당들의 반역으로 부정하게 된 이스라엘을 위해 온전하여 흠이 없고 아직 멍에를 메지 아니한 붉은 암송아지를 진영 밖에서 제사 드리게 하였으니 이는 죄에 빠진 인류를 구원하기 위해 성문 밖에서 죽임 당하신 예수 그리스도를 생각나게 합니다.

물에서 건져내시고
연단의 터널을 지나온 모세를
하나님이
민족의 지도자로 세우셨는데

고라와 일행은 당을 지어
무리를 이루고
모세를 정면에서 도전하고 있으니
무엇이 불만이냐
무엇을 부러워하느냐

똑같이 높아지려 하는 자들아
광야의 찬바람을 경험했더냐
지팡이를 든 모습만 좋아하여
지도자가 되려고 하느냐

# 민수기 20~25장

오늘의 키워드는 **"실수"**입니다.

가데스에 이르자 백성은 물이 없음을 불평합니다. 모세는 하나님으로부터 반석에게 명령하여 물을 내라는 명령을 받았지만 지팡이로 반석을 침으로 자신의 혈기를 나타냅니다. 하나님의 거룩함을 나타내기 보다는 백성에 대한 분노를 표출하는 모세의 '실수'는 가나안 땅에 진입하지 못하는 결과를 초래합니다.

에돔 땅을 통과하지 못하여 먼 길로 돌아서는 백성이 모세를 원망합니다. 이에 하나님은 불뱀을 보내어 백성을 죽게 하고 놋뱀을 세워 바라보는 자는 살리셨으니, 이것은 십자가에 달려 죽으신 주님을 믿으면 살고 믿지 않으면 죽는 것을 예표합니다.

모압 왕 발락이 요단 동쪽을 점령하며 거침없이 몰려오는 이스라엘을 두려워하여 선지자 발람을 초대하여 이스라엘을 저주하게 합니다. 그러나 하나님은 그의 입으로 이스라엘을 축복하게 하십니다.

싯딤에서 백성이 모압 여자들과 음행하는 죄악을 저지르므로 염병이 퍼져 죽게될 때에 하나님은 비느하스의 정의로운 행위로 인하여 염병을 멈추십니다.

묵상시

왕궁의 생활도 뿌리치고
광야의 찬바람을 맞으며
세월이 닳도록 준비하였는데

백성의 불평 소리에
혈기를 부렸으니
잠깐의 실수로 인하여
가나안 입성이 무산되었네

가시밭과 같은 인생길
잠시라도 해찰하면 넘어지나니
천성을 향해 달리는 자
오직 말씀으로 신중해야 하리라

# 민수기 26~31장

오늘의 키워드는 **"후계자"**입니다.

염병이 지나간 후 모세와 아론이 실시한 2차 인구조사에서 백성의 수가 감소되었는데 영적 장자인 유다를 비롯한 일곱 지파의 인구는 증가했고 다섯 지파는 감소됨을 봅니다. 1차때 계수한 사람 중에 살아남은 자는 여호수아와 갈렙 뿐이니 광야에서 반드시 죽으리라 하신 말씀을 이루십니다.

하나님의 명령대로 모세는 명수대로 땅을 분배하되 제비뽑기로 나누었으며, 레위 지파에게는 몫이 없음은 레위 지파는 하나님이 주시는 것을 먹기 때문입니다.

하나님은 모세의 뒤를 이을 이스라엘의 새 지도자로 여호수아를 택하십니다. 그를 온 회중 앞에서 안수하고 새로운 지도자로 위탁하셨으니 가나안 정탐꾼 때 보여준 것처럼 그의 신앙은 여호와 절대 신앙을 소유한 자입니다. 그에게 하나님의 영이 머무르고 하나님은 그에게 이스라엘의 지도자 자리를 맡기십니다.

**묵상시**

기골이 장대한 사람들을 보고
겁에 질려있을 때
저들은 우리의 밥이라고 말하는 자
하나님이 그를 세우시고 돌보시네

육의 시각으로는 불가능해 보이지만
하나님이 주신 것이라면
믿고 따르는 자
하나님이 그를 세우시고 돌보시네

육의 계산으로는 손해인것 같으나
하나님의 일이라면
손해를 감수하며 행하는 자
하나님이 그를 세우시고 돌보시나니

형제여
나의 약함을 원망하지 말고
나의 약함을 감사함으로
하나님이 행하실 공간을 만들어라

# 민수기 32~36장

오늘의 키워드는 **"분배"**입니다.

가나안 정복 전쟁은 힘의 싸움이 아니요 신앙과 불신앙의 싸움입니다. 요단강을 기점으로 동서로 나누어 점령할 곳을 정하며 그 땅을 지파별로 제비뽑기로 나누어 수에 따른 분배를 지시하심은 누구에게든지 공정함을 위함입니다.

너희가 가나안 땅에 들어가거든 그 땅의 원주민을 다 몰아내고 우상을 다 깨뜨리며 산당을 헐고 그곳에 거주하라 하셨습니다. 그 이유는 관능적이고 쾌락적인 그들의 문화에 넘어갈 것을 염려하기에 처음부터 배격하라는 매우 중요한 명령입니다.

레위인에게 분배되는 땅이 없음은 각 지파에서 레위인이 필요로 하는 곳을 주라 하심이요, 레위인은 그곳에서 제사장의 직임을 수행하며 백성의 십일조로 생활하라 하심입니다.

세상의 상식으로는 이해할 수 없는 이러한 하늘의 법칙이 세월이 흐른 지금도 적용되고 있음은 하나님은 창조주시요 만물의 주인이시기 때문입니다.

### 묵상시

더 좋은 것 가지려고
더 비싼 것 취하려고
더 쉬운 것 택하려고
사람들은 치열하게 경쟁하지만

이스라엘에 직면한
가나안 땅을 분배함은
모양도 다르고
가치도 달라서
누구에게나 만족을 줄 수 없지만

의견이 분분하여
쉬이 결정할 수 없을 때
이견을 잠재우고
불평 없이 분배할 하늘의 법칙은
제비뽑기입니다

# 신명기 1~4장

오늘의 키워드는 **"회상"**입니다.

묵상시

모세는 백성이 가나안 땅에 진입하기에
앞서 출애굽 사건을 경험하지 못한 세대들
이 하나님에 대하여 잘 알지 못하기 때문에
그들에 대한 교육을 실시합니다. 하나님이
어떤 분이신지와 어떻게 행하실 것인지에
대해 가르칩니다.

백성이 광야 길을 거닐 때 여호와께서 구
름과 불로 보호하신 것과, 40년 동안 광야
에서 하나님의 돌보심으로 신이나 옷이 닳
지 않고 배고픔 없이 지낸 것과,
요단 동편을 점령한 것이 여호와께서 행
하신 것임을 상기시킵니다.

가나안 땅 진입에 앞서 지켜야 할 규례와
법도는 이러하니
자기를 위하여 어떤 형태로든지 우상을
새겨 만들지 말며 무엇이든 섬기지 말라 하
십니다.
눈에 보이지 않는 하나님을 섬기던 백성
이 눈에 보이는 사람의 손으로 만든 것을 신
이라 하며 섬기게 될 것을 예측하시고 그들
의 나약함을 미리 방지하고 있습니다.

가나안 땅에 진입하기 전에
모세는
하나님의 이끄심을
경험하지 못한 세대를 위하여
하나님의 돌보심을 말씀하시네

열 가지 재앙을 내리시어
애굽 왕의 마음을 움직이심과
홍해를 건너고
바위를 터트리고
만나를 먹이시고
불과 구름으로 보호하신 것을 회상하니

여호와는 보이지 않으시나
보이는 모든 것을 주관하시며
자연계의 모든 것들을 다스리시나니
너희는 헛된 것을 바라지 말고
창조주 하나님만 바라보라

# 신명기 5~11장

오늘의 키워드는 **"명령"**입니다.

여호와께서 백성에게 십계명을 주셨으니 1~4계명은 하나님과의 관계를, 5~10계명은 인간의 도리를 말합니다. 십계명으로 언약의 기초를 이루고 그 말씀을 마음에 새기고 자녀에게 부지런히 가르치며 지킬 것을 명령하십니다.

가나안 정복을 명령하시면서 그들을 진멸하며 어떤 언약도 하지 말며 불쌍히 여기지도 말며 그들과 혼인하지 말라고 명령하십니다. 백성이 그들과 접촉하면 그들의 우상에 찌든 종교 문화에 물들기 때문입니다.

하나님이 백성을 40년간 광야 길을 걷게 하심은 백성의 마음을 낮추심이요. 만나를 먹이심은 사람이 떡으로만 사는 것이 아니고 여호와의 입에서 나오는 말씀으로 사는 것이요. 의복이 해어지지 아니하고 발이 부르트지 아니함을 회고하였으니, 백성이 이러한 하나님의 은혜를 기억하고 하나님을 사랑하며 마음을 다하고 뜻을 다하여 하나님 여호와를 섬기라 하심입니다.

**묵상시**

아장아장 걸어가는 아이를 볼 때
행복에 젖은 부모는
안아주고 흔들어주며
좋은 것을 더 주고 싶어하는 것처럼
하나님은 자녀를 기뻐하시며
더 좋은 것을 주고싶어하시네

아이가 위험한 길로 향하면
부모는 그 길을 가로막고
선한 길로 인도하는 것처럼
하나님은 자신의 백성을 위하여
계명을 주시고 지키게 하시네

하나님이 인간에게 주시는 명령은
당신의 자녀를 사랑하기 때문이요.
당신의 자녀를 바르게 키우기 위함이니
사랑아
사랑아
부모의 바램같이
하늘의 명령을 준행하라

# 신명기 12~26장

오늘의 키워드는 **"명령"**입니다.

여호와만 섬기고 다른 신은 섬기지 말며 그것들을 탐구하지도 말라 하십니다. 십일조를 드리라 하심은 하나님의 것을 기억하라 하심이요.

유월절 · 칠칠절 · 초막절을 지키라 하심은 하나님의 은혜를 잊지 말라 하심입니다.

이스라엘 왕에 대하여 병마를 많이 두지 말라 하심은 병마를 구하려고 백성이 우상의 근거지인 애굽으로 가는 것을 금함이요. 아내를 많이 두지 말라 하심은 여인으로 인하여 정사를 소홀히 함을 금함이요. 은금을 많이 쌓지 말라 하심은 하나님을 의지함보다 자신의 재산이나 힘을 의지하려는 세상으로 속하려는 마음을 금하는 것입니다.

제사장과 레위인의 몫을 정하며, 억울한 자를 위하여 도피성을 만들며, 포로에 관한 법, 순결에 관한 법, 이혼과 재혼에 대하여, 죽은 형제에 대한 의무를 말씀하심으로 이스라엘 백성의 맥을 이어가게 하십니다.

묵상시

천지를 만드신 하나님이
사람을 만드신 후
생육하고 번성하라 하신 후
선악과는 따먹지 말라 하셨네

애굽을 떠난 백성에게
자유를 주신 후
가나안을 믿음으로 정복하라 하시며
우상을 섬기지 말라 하셨네

선악과를 따먹은 자는
에덴에서 쫓겨남을 당하고
우상을 섬긴 자는
오랜 세월 고통을 받았나니

하나님의 명령을 듣고
귀히 받드는 자는 살 것이요
명령을 듣고도 무시하는 자는
하나님이 그를 천히 여기시리라

# 신명기 27~34장

오늘의 키워드는 **"명령"**입니다.

여호와의 말씀을 듣고 모든 명령을 지켜 행하면 네 하나님 여호와가 너를 세계 모든 민족 위에 뛰어나게 하실 것이라.

만일 여호와의 말씀을 순종하지 아니하면 모든 저주가 네게 임할 것이라.

아브라함을 통하여 큰 민족을 이루시는 하나님의 계획이 신명기 28장 말씀을 토대로 펼쳐집니다. 이 말씀에 근거한 이스라엘 왕조의 역사는 말라기에 이르도록 처절하게 순종과 불순종의 결과로 드러납니다.

말라기를 지나고, 21세기를 사는 지금도 하나님의 '명령'은 유효합니다. 세상이 치열하게 다투는 과정에도 인류의 역사는 하나님을 찾는 나라를 통하여 이루어 가십니다.

하나님 말씀을 읽고 믿는 것은 말씀이 체내에 흡수되어 영적 체질로 변하는 것입니다. 하나님의 '명령'을 준행하는 자는 바로 인생의 주인이 하나님인 것을 고백하며 순종하는 자요, 광야에서 만나를 먹음 같이 하늘의 양식을 먹는 자입니다.

## 묵상시

하나님의 명령을 듣고 행하면
하나님이 너를 세계 모든 민족 위에
뛰어나게 하실 것이요
순종하지 아니하면
모든 저주가 네게 임하리니
너는 하나님의 말씀을 지켜 행하라

아브라함을 인도하신 하나님이
백성으로 홍해를 건너게 하신 하나님이,
룻으로 생명을 주신 하나님이,
수천년이 지난 지금도
우리를 돌보시며
우리 안에서 역사하시나니

명령을 지키는 자
하나님이 그를 돌보시고
명령을 가슴에 품고 행하는 자
하나님이 그를 인도하시는도다

# 여호수아 1~12장

오늘의 키워드는 **"정복"**입니다.

"네게 명령한 율법을 다 지켜 행하고 우로나 좌로나 치우치지 말라 그리하면 어디로 가든지 형통하리로다."

순종의 사람 여호수아, 드디어 정복 전쟁의 깃발을 들었도다.

언약궤가 앞서는 길에는 요단 물이 갈라지고, 난공불락 여리고성은 백성의 외침 소리에 무너지고, 기브온의 외침소리에 적들이 패배하였으니 하늘에서는 우박덩이를 떨어뜨리고 땅에서는 하나님의 군대가 싸우는도다.

태양아 너는 기브온 위에 머무르라, 달아 너도 아얄론 골짜기에서 그리할지어다.

여호수아의 군대는 여호와의 명령을 그대로 준행하며 가나안 땅 중부와 남부와 북부와 동부와 서부의 연합군을 단숨에 물리칩니다. 가나안 정복 전쟁은 하나님이 행하시는 전쟁입니다.

이스라엘의 하나님 여호와께서 이스라엘을 위하여 싸우시고니 여호수아는 가나안 땅을 '정복'하고 있습니다.

묵상시

나는 특별한 재능이 없습니다
뛰어난 운동 신경도
경제적인 부유함도
탁월한 인맥도 없습니다

나는 주님을 사랑합니다
천국을 바라보는 눈이
주님을 찬양하는 입이
주님을 사랑하는 가슴이 있습니다

나는 조용히 기도 합니다
주님 나라 위하여
순종하며 살겠노라고
주변 사람을 섬기며
종의 자세로 살겠노라고...

주님이 나의 기도를 들으시니
나를 높이 세우시고
부와 재능과 지식을 주시며
세상을 누리며 살게 하십니다
주님 나라 이루라고...

# 여호수아 13~19장

오늘의 키워드는 **"정착"**입니다.

가나안 정복은 일단락되고 여호수아는 각 지파에게 땅을 분배 합니다. 유다 지파가 남쪽의 넓은 땅을 받음은 형제의 찬송이 되리라는 야곱의 축복이 이루어짐이요, 그 위로 베냐민 지파가 자리 잡음은 장차 북이스라엘과 남유다의 완충 역할을 담당할 곳이 됨이요, 그 위쪽과 양 옆으로 다른 지파들이 자리 잡았으니, 여호수아는 아직 부족한 부분에 대하여는 각 지파가 스스로 정복해서 채우라 말합니다.

이에 귀화한 그니스 사람 여분네의 아들 갈렙이 가장 큰 믿음을 보였으니 "이 산지를 지금 내게 주소서 여호와께서 함께하시면 내가 그들을 쫓아내리이다"의 고백은 아브라함의 순종을 믿음으로 받들며 행동으로 옮기는 미래 완료형 신앙의 소유입니다.

이스라엘 자손이 분배를 마치고 여호수아는 에브라임 산지 딤낫세라를 기업으로 받았으니 가장 작고 허름한 곳을 택한 여호수아에게서 지도자의 모범과 헌신의 모습을 볼 수 있습니다.

그니스 사람 갈렙이
이스라엘의 자손이 됨 같이
육신의 혈통이 아니어도
하나님 편에 서는 자는
하나님의 자녀가 됨이라

자녀가 자녀 됨은
아담의 혈통을 이어받은 몸이
예수의 혈통으로 변화되는 것이요
육에 머무름을 넘어서
영의 단계로 정착됨이라

인생의 거친 풍랑이 몰아치고
세월의 빛은 쇠해가지만
그리스도 안에 있는 나라는 평안하리니
내 영혼의 배 정박할 곳
수정같이 찬란한 주님의 나라로다

# 여호수아 20~24장

오늘의 키워드는 **"정착"**입니다.

열두 지파의 분배가 끝난 후 여호수아가 6개의 도피성을 두었음은 실수로 살인한 자를 보호하는 것입니다. 그들은 대제사장이 죽으면 비로소 고향으로 갈 수 있었으니, 죄에서 해방되지 못하여 갇힌 우리가 예수 그리스도의 십자가에서의 죽음을 믿음으로 우리가 죄에서 해방되는 것과 같습니다.

레위 지파에 대하여는 각 지파에서 받은 48개 성읍에 거주하여 봉사하며 살게 하십니다. 그 성이 전체 면적의 0.1%밖에 안 되는 매우 협소한 공간이지만 그들이 살 수 있는 것은 하나님이 그들을 보살피기 때문입니다.

여호수아는 주님을 따른다고 고백하면서 세상의 방법과 문화에 기웃거리며 갈팡질팡하는 햄릿증후군에 빠진 백성에게 설교합니다. 너희는 여호와를 경외하며 온전히 섬기라. 만일 여호와 섬김이 좋지 않게 보이거든 이방 족속의 신을 섬기든지 하나만을 택하여라.

오직 나와 내 집은 여호와만 섬기리라.

이러한 여호수아의 고백이 나의 고백이 됨을 다짐합니다.

**묵상시**

부지중에 죄를 지은 사람 위하여
도피성을 만들어
그들을 보호하게 하셨고

죄를 지은 사람을 위하여
십자가의 집을 만들어
믿는 자에게 구원을 주셨으니

하나님을 믿고 따르는 자
영원한 안식처에 정착함이요
그의 마음은 부유함이요

땅을 분배하는 여호수아
자신을 위하여 좋은 곳 택하지 아니하고
사랑의 모범으로 집을 지었네

# 사사기 1~5장

오늘의 키워드는 **"실패"**입니다.

아직 정복하지 못한 땅을 정복하기 위하여 유다 지파가 선봉으로 나가서 가나안 족속과 브리스 족속을 멸하지만 철병거 가진 자들을 쫓아내지는 못합니다.

베냐민 지파는 예루살렘에 거주하는 여부스 족속을 쫓아내지 못하였고, 다른 여러 지파도 가나안 족속들을 완전히 쫓아내지 못하였으니 백성의 믿음 없음이 여실히 드러납니다.

이스라엘이 하나님의 명령을 준행하지 못하고 그들과 섞여 거주하며 언약을 맺었으니 이는 하나님의 명령을 어기는 모습이요. 그들의 행위는 장차 이스라엘에게 가시와 올무가 될 것입니다.

여호수아도 죽고 세월도 흐르고, 다음 세대들은 여호와를 알지 못하므로 여호와의 목전에서 악을 행하며 바알들을 섬기며 음행을 저지릅니다. 여호와의 진노가 그들을 노략자의 손에 넘겨줌으로 그들은 대적에게서 압박과 괴로움을 당하며 슬피울고 있습니다.

묵상시

무성한 들풀이면 무엇하리
가을이 되면
돌아 갈 곳간이 없는 것을

향락에 취하면 무엇하리
잠에서 깨어나면
모든것이 물거품인 것을

우상을 섬기며 무엇하리
심판의 날이 되면
들어 갈 천국이 없는 것을

말씀이 없는 자는...
말씀이 없는 자는...

# 사사기 6~9장

오늘의 키워드는 **"사사"**입니다.

여호수아가 죽은 후 시간이 지날수록 여호와를 알지 못하는 세대는 음행하며 바알을 섬겼으니 여호와께서 이스라엘을 대적에게서 괴롭힘 당하도록 놓아둡니다.

그리고 백성의 울부짖는 소리가 높아지면 사사를 보내어 백성을 구하였으니, 사사의 이름은 **옷니엘 · 에훗 · 삼갈 · 드보라 · 바락 · 기드온 · 비명횡사한 아비멜렉 · 돌라 · 야일 · 입다 · 입산 · 엘론 · 압돈 · 삼손**입니다.

여호와께서 이방 민족을 다 쫓아내지 아니하심은 백성의 신앙을 시험하기 위함입니다.

하나님만 섬기는 절대 신앙이 끊어지면 인간의 세속화는 쉽게 이루어집니다. 인간에게 잠재된 쾌락주의(헤도니즘)는 죄를 짓게 하며 영혼까지 죽게 만듭니다.

말씀이 없는 민족은 망하지만 말씀을 순종하는 민족은 하나님이 사용하십니다. 야훼신앙이냐? 바알신앙이냐? 여호와 절대 신앙을 지키며 자녀를 교육하는 것은 '실패'없는 인생을 누리는 비결입니다.

**묵상시**

하나님을 떠난 백성이
고통 소리 가득하고
그들이 하나님을 부르짖을 때마다
하나님은 사사들을 보내어
백성을 구원하십니다

비록 작은 자였으나
하나님의 부르심을 받으므로
그들은 강하여졌으니
백성을 구원할 인도자 되었습니다

하나님도 섬기고 우상도 섬기며
경건과 타락을 병행하는
백성을 구하라고
하나님은 지금도
우리를 사사로 부르십니다

# 사사기 10~16장

오늘의 키워드는 **"삼손"**입니다.

하나님의 구원하심에도 불구하고 백성의 불순종은 계속되니 하나님은 가나안 족속을 이스라엘에 대한 회초리로 사용하십니다. 하나님은 고통으로 인해 울부짖는 백성의 소리를 외면하지 않으시고 그때마다 사사를 보내어 고통 받는 백성을 구원하십니다.

나실인으로 태어난 삼손은 시간이 지날수록 하나님 보다는 자신의 힘을 더 의지합니다. 그는 정욕을 억누르지 못하여 이방 여인에게 눈이 멀었고, 사자를 찢어 죽이는 힘이 있으나 관리를 하지 못하여 여인의 무릎에서 힘을 잃은 나약한 자로 전락됩니다.

백성을 구하라고 주신 힘을 자신의 정욕을 위해 사용하였으니, 택함 받은 삼손은 백성을 구하기는커녕 자신마저도 지키지 못하는 연약한 존재입니다.

하나님이 나에게 주신 달란트는 무엇입니까? 그것이 비록 작은 것일지도 하나님의 영광을 위해 성실하게 사용한다면, 하나님은 나를 보호하시고 더 큰 사명으로 이끄십니다.

**묵상시**

나실인으로 태어나
절망에 빠진 민족을 구원할
사명을 부여받은 삼손
그는 절제된 생활에서 벗어나
자신의 정욕을 억제하지 못하여
드릴라의 무릎에서 맥없이 무너졌으니

사자의 입을 찢고
성문을 옮길 힘이 있으면 무엇하리요
재물이 많아 배를 두드리고
인생의 권력이 있으면 무엇하리요

나에게 삼손의 힘이 없을지라도
나에게 지식이나 재물이 부족할지라도
보내신 이의 뜻대로 순종하며 살아가면
나의 필요를 아시는 분이
채우시고 사용하시리라

# 사사기 17~21장

오늘의 키워드는 **"혼란"**입니다.

이스라엘에 왕이 없던 시절에 하나님의 인도하심에 대한 교육은 사라지고, 사람마다 자기 소견에 옳은 대로 행하고 있습니다. 레위 청년 한 명이 미가 집에 이르러 제사장이 되어 드라빔과 신상을 만든 것은 예배의 참된 모습은 볼 수 없고 형식만 찾으려는 타락한 종교의 모습을 보게 합니다.

가나안 거류민이 두려워서 약속의 땅을 취하지 못하는 단지파는 북쪽의 거류민을 공격하여 그곳을 차지하며, 미가 집의 에봇과 드라빔과 신상을 빼앗고 젊은 제사장을 데려갔으니, 하나님을 믿는 신앙의 본질은 사라지고 종교의 형식만 유지하려는 타락한 윤리의식과 형식화된 종교의식을 봅니다.

첩을 거느린 레위 제사장에게 일어나는 살인사건은 동족상잔의 비극으로 발전하였으니, 하나님에 대한 예배의 모습은 찾아볼 수 없는 타락한 종교인의 모습입니다. 청년이나 제사장 둘 다 유대 땅 베들레헴을 떠났을 때 '혼란'을 겪는 것처럼 그리스도의 말씀을 떠나는 자, '혼란'이 그의 앞에서 기다리고 있습니다.

**묵상시**

숲을 탐하는 자
숲에 정신이 흩어지고
이성을 탐하는 자
이성의 올무에 걸려 넘어지네

말씀을 중히 여기지 않으면
신앙이 무너져
육신의 올무에 걸리며
영혼 마저 흔들리나니

성도의 온전함은
예수 그리스도를 날마다 붙듦으로
광풍 앞에서도 온전하게
흩어짐을 면하는 것입니다

# 룻기 1~4장

오늘의 키워드는 **"희망"**입니다.

백성의 완전한 순종의 부족으로 인하여 가나안 정복이 미완성으로 끝납니다.

룻기는 당시 토착 문화와의 접촉으로 인한 혼란과 배교가 만연할 때 불순종하는 사사시대의 종지부 찍고 다윗 왕의 등장을 알리는 '희망'의 소식입니다.

엘리멜렉의 가족이 베들레헴을 떠나 모압 땅으로 간 것은 육의 선택이요, 엘리멜렉과 두 아들의 죽음은 말씀을 떠난 자의 고통이요, 나오미와 룻이 베들레헴으로 돌아옴은 하나님의 말씀으로 돌아오는 은혜의 회복입니다.

**룻**이 라합의 아들 보아스와 결혼하여 **오벳**을 낳고, 오벳은 **이새**를 낳고, 이새는 **다윗**을 낳으니, 다윗은 이스라엘을 구할 '희망'이요, 다윗의 줄기에서 **예수** 그리스도가 출생하게 됩니다. 하나님의 계획하심이 다윗을 통하여 이스라엘의 구원을 보여 주시고, 예수 그리스도를 통해 온 인류의 구원을 열어 주십니다.

## 묵상시

손가락질 당하는 라합이었습니다
남편 잃은 룻이었습니다
아들 없는 한나였습니다
세상은 나를 불쌍하게 바라보나
수가성의 여인을 찾은 주님은
나를 찾아오십니다

못나고 부도덕하고
슬픔에 젖은 나였으나
주님이 나를 찾아오시어 위로하시고
말씀으로 세우시니

이제 나는
보아스의 어머니입니다
오벳의 어머니입니다
사무엘의 어머니입니다
세상이 무어라 해도
주님이 함께하시니
이제 나는 '희망'입니다

# 사무엘상 1~7장

오늘의 키워드는 **"대조"**입니다.

자식이 없는 곤고한 **한나**의 기도는 사무엘을 통한 이스라엘의 회복이요, 구원으로 말미암아 기뻐함은 부르짖음에 대한 구원의 감사입니다.

**사무엘**은 홉니와 비느하스와 함께 엘리에게서 같은 교육을 받습니다. 사무엘에게는 여호와의 은혜가 임하였고, 엘리의 두 자녀에게는 여호와의 저주가 임하였으니 여호와의 말씀에 대한 순종과 불순종의 차이는 동이 서에서 먼 것과 같이 다르게 나타납니다.

블레셋이 이스라엘에게서 탈취한 언약궤 앞에서 그들의 우상들이 처참히 무너짐을 보고서도 하나님을 믿지 않았으니 블레셋은 지금도 역사의 외곽에서 방황하고 있습니다. 법궤를 실은 수레를 끌고 벧세메스를 향하여 걸어가는 두 암소의 걸음걸이는 천국을 향해 걸어가는 사명자의 자세를 생각나게 합니다.

백성이 미스바로 모여 영적 각성 운동을 벌일 때 침략자 블레셋을 여호와께서 우뢰로 어지럽게 하였으니, 이스라엘의 목전에서 패하여 달아나는 그들의 모습은 신앙으로 세워지는 이스라엘의 모습과 대조를 이룹니다.

묵상시

같은 사람에게 교육을 받았어도
홉니와 비느하스는 패륜아요
사무엘은 이스라엘의 지도자가 되었네

같은 법궤를 접했어도
블레셋은 하나님을 믿지 아니하고
이스라엘은 하나님을 믿었으니
받아들이고 안받아들이고는
본인의 마음이나
그 결과의 차이는 대조적이네

주의 복음을 듣는 자가
믿지 않으면 사망이요
믿으면 생명을 얻나니
마음의 판단이 생사를 결정 하는도다

# 사무엘상 8~15장

오늘의 키워드는 **"선택"**입니다.

묵상시

사무엘서는 룻기에서 예고한 다윗왕의 출현이니 엘리 · 사무엘 · 사울 · 다윗 중 주인공은 **다윗**입니다.

사무엘은 엘리의 집을 대신한 제사장이요, 하나님 말씀을 전하는 선지자요, 그 시대의 마지막 사사로서 다윗의 길을 열고 있습니다.

왕을 요구하는 백성의 바램은 자신들을 위해 앞장서서 싸워주고 자신들의 욕구를 채워줄 왕을 요구합니다. 백성의 요구에 의해 세워진 사울은 블레셋과의 전쟁을 앞두고 하나님의 뜻을 듣기 전에 스스로 제사 드립니다. 아말렉과의 전쟁에서 진멸하라는 명령을 어긴 것과 자신을 위한 공덕비를 세웁니다. 이러한 인본주의적 모습은 하나님으로부터 버림 받는 결과를 초래합니다.

하나님이 자녀 교육을 등한시하던 엘리를 버리고 사무엘을 선택하심 같이, 불순종의 사울을 버리고 순종하는 다윗을 선택하십니다.

하나님은 하나님의 나라를 위하여 장소와 환경을 준비해 놓으시고 그곳을 기경할 순종하는 자를 찾고 계십니다.

백성은 왕을 요구하였고
수줍은 사울의 모습은 어디 가고
폭군만 남아 있는가

진멸하라는 명령을 어기고
아름다운 것들을 살려 데려왔으니
말씀을 정면에서 거절하고 있는가

인생의 문을 열면 시작되는
수많은
선택해야 할 일들...

좁은 문으로 들어가라 하심은
세상의 쉬운 방법이 아닌
정의롭고 거룩함을 택하라 하심이라

# 사무엘상 16~20장

오늘의 키워드는 **"택함"**입니다.

자신의 교만을 회개하지 아니하는 사울의 무너진 인본주의 왕좌를 하나님은 하나님의 사람으로 다시 세우십니다.

다윗이 왕으로 기름 부음 받으니 성령께서 다윗에게 임하십니다. 다윗이 수금을 연주하니 사울의 악신이 떠나고, 다윗이 믿음으로 생각하고 출전하니 적장 골리앗을 쉽게 물리칩니다.
"여호와의 구원하심이 칼과 창에 있지 아니하며 전쟁은 여호와께 속한 것인즉 하나님이 너희를 우리 손에 넘기시리라."

백성들의 환대가 승리를 쟁취한 다윗에게 쏠리자 사울은 자신의 사위가 된 다윗을 죽이려고 합니다. 다윗이 약속대로 사울의 딸과 결혼하였지만 다윗을 향한 사울의 애정은 시기심으로 변하여 다윗을 죽이려고 체포조를 세 번 보냅니다.

급기야는 사울이 직접 다윗을 체포하러 갔으나 그들은 하나님의 영에 사로잡혀 오히려 예언하고 있습니다. 하나님의 택함 받은 자를 누가 감히 무너뜨릴 수 있습니까?

## 묵상시

세상의 택함은
부유함이요 아름다움이요
이건에 의해 결정하지만

하나님은 중심을 보시나니
변하지 않는 믿음의
충성된 사람을 찾으시네

부모형제는 인정하지 아니하여도
하나님은 아시나니
하나님은 다윗을 왕으로 선택하셨네

하나님이 찾는 자는
자신의 영광을 구하지 아니하고
영과 진리로 거룩한 자라네

# 사무엘상 21~27장

오늘의 키워드는 **"방랑"**입니다.

묵상시

사울에게 쫓기는 다윗이 제사장 아비멜렉에게 가서 진설병을 먹고 골리앗이 사용했던 칼을 취하나 그곳 사람들은 후에 사울에게 죽임 당합니다. 가드 왕 아기스에게 피신한 다윗은 목숨 보전을 위해 미친 체 하며 그곳을 빠져나옵니다.

십 광야에서 사울의 군대에 포위되어 붙잡힐 위기에 처합니다. 하나님은 그 시간에 블레셋 군대를 동원하여 이스라엘 침공시킴으로 사울의 군대는 급히 퇴각하여 다윗은 위기를 모면합니다.

식물이 추위와 더위를 겪으며 강해지는 것처럼 인생도 고난의 터널을 통과할 때 성숙한 모습으로 자랄 수 있습니다. 모진 인생의 질고를 겪으며 신앙을 이어온 다윗은 믿음의 승리를 이어가고 있습니다.

다윗이 쫓기는 중에 사울을 죽일 기회가 여러 번 주어졌어도 죽이지 아니하고 악을 선으로 대하는 모습을 보면서 신앙의 진수를 느낍니다.

산이 높으면 골이 깊습니다
길이 험하고
가시덤불도 지나며
두려움과 목마름과 배고픔이
엄습해오지만
인내하고 오르는 자는
인생의 긴 터널을 지나
정상에 오릅니다

천국길도 마찬가지입니다
환란과 핍박이 앞길을 가로막고
두 어깨를 누르고 있지만
감사함으로 받들며 걸어가는 자
환난은 인내를
인내는 연단을
연단은 소망을 이루십니다

# 사무엘상 28~31장

오늘의 키워드는 **"섭리"**입니다.

블레셋의 침략에 두려움을 느낀 사울은 사무엘을 찾습니다. **사울**은 하나님 말씀에 순종하지 않은 자신의 죄를 지적당하며 하나님이 자신을 버렸음을 듣고 식음을 전폐하지만 회개의 모습은 결코 찾아볼 수 없습니다.

이스라엘과 블레셋은 대치하고 블레셋에 몸을 의탁한 **다윗**은 블레셋을 위하여 전쟁을 치러야 하는 복잡 미묘한 상황이 발생합니다. 그러나 모든 상황을 아시는 하나님이 다윗을 전쟁에서 빼내시니, 다윗은 가솔들을 잡아간 아말렉 사람들을 공격하여 가솔들을 되찾아옵니다.

다윗을 죽이려던 사울은 전쟁에서 중상 입고 자살합니다. 이로써 악한 사울의 시대는 막을 내리고 하나님의 사람 다윗의 시대가 열리는 것을 봅니다. 다윗은 기름 부음 받은 자를 존중하며 하나님의 인도하심을 기다리고, 하나님은 다윗을 모든 상황 속에서 보호하시며 그의 길을 열고 계십니다.

**묵상시**

자신을 죽이려는 사울을 살려주고
다시 공격해오는 사울을 피해
흘러흘러
블레셋에 몸을 의탁한 다윗
이스라엘과 블레셋 사이에
전쟁이 벌어지니 어쩔 수 없이
블레셋 이름으로 출전할 상황이 되었네

마음의 중심을 아시는 하나님이
다윗을 블레셋 진영에서 빼내시고
아말렉 사람들에게 붙잡혀간 가솔까지
구해주셨으며
고난의 과정을 승리의 길로 인도하시나니
하나님은 사랑하는 자를
결코 버리지 않으시며
주님 나라 재목으로 사용하시네

# 사무엘하 1~10장

오늘의 키워드는 **"기름 부음"**입니다.

불순종의 사울은 죽고 순종의 다윗의 시대가 열립니다. 다윗과 사울의 집 사이에 전쟁이 오래 지속되지만 하나님이 도우시는 다윗은 흥왕하여 온 이스라엘의 왕이 됩니다.

다윗은 여부 족이 거주하는 시온 산성을 점령하여 하나님의 궤를 그곳에 모셔두며 여호와의 성전 건축을 계획합니다.
그러나 하나님은 성전 건축을 그의 아들에게서 받기로 하시고 다윗과 그의 자손에게 영원한 왕권을 약속하십니다.

하나님이 함께하시는 다윗의 군대는 계속 강성하여져서 주변 나라들을 점령하고 모든 백성에게 정의와 공의를 행합니다.

하나님이 다윗을 이스라엘의 왕으로 세우심은 오랜 절망에 젖은 이스라엘에게 희망을 주시기 위함입니다. 목동이었던 그에게 '기름 부으심'은 그의 가슴에 불을 피울 순종의 심지가 있기 때문입니다.

**묵상시**

어린 목동의 노래 소리가
베들레헴에 울려퍼지나니
온 이스라엘이 귀를 기울이고
블레셋은 두려워 떨어라

여호와께서는
순수한 노래를 들으시나니
갑옷도 필요없고
돌멩이 다섯개면 족하도다

여호와께서 세우는 자 승리하리니
적들은 두려워 떨며 도망치고
시온 산성에는
흰 옷 입은 자들이 기뻐 노래하는도다

껍데기는 가라
인본주의는 떠나가라
여호와께서 세우는 자가 통치자 되리니
목동의 노래가 온 땅에 울려퍼져라

# 사무엘하 11~20장

오늘의 키워드는 **"은혜"**입니다.

다윗의 나라는 부강해지고 군사들은 전쟁터에 나가있을 때 다윗의 밧세바 사건은 그의 나태해진 모습을 드러냅니다. 이는 사울의 악함보다 더하여 용서받지 못할 죄를 저질렀지만 그가 사울과 다른 점은 자신의 죄를 인지한 순간 즉시 회개한 것입니다.

하나님은 회개하는 다윗을 용서하시지만 죄에 대하여는 대가를 치루게 하십니다. 밧세바 사건은 변곡점이 되어 암논의 죄 · 압살롬의 반역과 죽음 · 세바의 반역 · 후궁들의 당하는 수모를 겪으며 인생의 내리막길에 빠져듭니다.

다윗이 압살롬에게 쫓기는 상황에서도 언약궤를 예루살렘 성으로 돌려보내는 모습은 자신의 정통성 보존이 아닌 하나님의 뜻을 순종하며 존귀히 여기는 모습입니다. 이런 다윗을 하나님은 후새를 통하여 도우시며 알지 못하는 백성을 통해 도우십니다.

이성과 명예에 약했던 다윗, 그러나 회개할 줄 아는 그는 절대신앙의 소유자이기에 하나님은 그의 겸손한 태도를 보이시고 용서하시며 '은혜'를 베푸십니다.

## 묵상시

물이 흐르고 흘러
낮은 곳으로 모이는 것처럼
하나님의 은혜의 물줄기는
낮은 자에게로 흐른다네

큰 죄를 지어 죽게 된 다윗의 회개는
눈물이 되어 침상을 적시고
낮은 곳으로 흐르나니
큰 강을 이루고 하늘을 바라보네

하나님의 자비와 긍휼하심이
찬란히 하늘에서 내려옴이여
높은 자의 교만은
바람으로 날려버리고
낮은 자의 겸손은
하늘의 은혜로 더하시는도다

# 사무엘하 21~24장

오늘의 키워드는 **"회고"**입니다.

여호와께서 다윗을 모든 원수의 손과 사울의 손에서 구원하십니다. 그 날에 감사함으로 주께 노래부릅니다.

여호와는 나의 반석이요, 나의 요새요, 나를 건지시는 자이시도다. 내가 환난 중에 여호와께 아뢰었더니 그가 들으심이여. 주께서 나를 백성의 다툼에서 건지시고 모든 민족의 으뜸으로 삼으셨으니, 내가 모든 민족 중에서 주께 감사하며 주의 이름을 찬양하리이다.

그러나 인간의 마음은 연약하여 다윗에게 교만이 들어가 자신의 업적을 생각하며 인구조사를 시행하였으되 그로인하여 칠 만 명이 죽임 당합니다. 잘못을 깨달은 다윗은 제단을 쌓고 번제와 화목제를 드림으로 비로소 재앙이 그치게 됩니다.

무명한 자 중에서 유명한 자 되었고, 믿음 없는 자들 중에서 믿음 있는 자 되었으되, 굽이치는 인생의 계곡마다 그는 돌이키며 하나님을 의지하는 자였기에 그가 연약할지라도 하나님은 그의 손을 꼭 붙잡아 주십니다.

**묵상시**

내 인생의 먼 훗날이 오면

나의 힘과 능력과
나의 의로움이 아니었다고
나의 향한 일이 모두
하나님의 작품이었다고
고백하겠습니다

하나님의 은혜가
강물처럼 출렁이며
내 마음 깊숙한 곳까지 흘러 들어와
아름답게 가꾸셨다고
나의 입술로 고백하겠습니다

# 열왕기상 1~8장

오늘의 키워드는 **"솔로몬"**입니다.

다윗의 왕권을 물려받은 솔로몬에게 주어진 유언은 여호와의 계명을 지키라는 것입니다. 그러나 고난의 떡을 경험하지 못함인가? 왕권을 너무 쉽게 소유한 까닭인가?

초기에는 이상적인 통치를 하며 성전 건축을 마치고 부귀와 영화의 정점에 오릅니다. 그러나 하나님이 주신 지혜를 인본주의적으로 활용하는 잘못을 저지릅니다. 국방을 위하여 하나님을 의지하기보다는 주변국과의 정략결혼을 하며 많은 이방 여인을 아내로 맞이하였으니 예루살렘 산에 우상의 신당이 가득 들어섭니다.

여호와의 계명을 지키라 함은 이스라엘의 왕이 하나님이심을 인정하는 것입니다. 하나님이 주신 나라가 하나님의 손에 의하여 견고해져야 하는데 솔로몬이 자신의 지혜를 의지하고 있습니다. 하나님이 주신 나라를 하나님을 따르는 믿음으로 세우지 아니하고 인본주의 기둥으로 세우고 있으니 예루살렘 성전과 백성의 앞날도 위태하기만 합니다.

## 묵상시

주인이 가꾼 땅에
다른 씨앗이 뿌리를 내리고 있는가
밧세바에게서 태어난 솔로몬
거대한 나무가 되어
이스라엘의 기둥이 되었도다

주인의 나라에서 태어남은
주인의 뜻을 따라야 함인데
주인의 법도를 따르지 아니하고
이방과 짝을 지으며
자신의 뜻대로 살아가고 있구나

주인의 사랑을 외면한 나무
거대한 왕국을 세우고 있으니
모래 위에 세운 집
바람이 불면 언제든
무너져 내리리라

# 열왕기상 9~11장

오늘의 키워드는 **"무너지는 영화"**입니다.

솔로몬이 여호와의 성전과 왕궁과 자신이 원하는 모든 것을 짓기를 마치니, 여호와께서 그에게 나타나 여호와의 법도와 율례를 지킬 것을 거듭 말씀 하십니다. 솔로몬의 재산과 지혜가 세상의 어느 왕보다 크고 명성이 세상 끝까지 퍼져가니, 솔로몬은 다윗이 당부한 명령을 어기고 있습니다.

하나님을 의지하기보다는 군사력과 동맹국을 의지하였고, 첩과 후궁을 많이 둠으로 이방 여인과 통혼을 금하라는 명령을 어겼으며, 예루살렘 산은 산당이 많이 세워져 우상의 소굴로 변하고 있습니다.

여호와께서 다윗에게 약속하신 대로 왕위가 대대로 보존될 것이지만, 불러도 불러도 돌아오지 않는 그에게 하나님이 내리시는 징계는 그의 후손 대에 나라가 둘로 나뉘리라는 것입니다.

하나님은 눈에 보이는 성전 보다는 눈에 보이지 않는 순종을 원하십니다. 불순종 하는 자의 결과는 무너지는 영화요, 무너지는 바벨탑입니다.

나실인으로 태어난 상손
큰 힘을 소유하였으나
신앙으로 지키지 못하여
거대한 인생이 무너짐 같이

왕위를 물려받은 솔로몬
부귀영화를 누렸으나
하나님을 떠난 인생
그의 나라는 둘로 쪼갬 당했네

고난의 떡을 먹지 않은 자는
인생의 깊이를 모르나니
말씀의 뿌리가 없는 바벨탑은
모래 위에 지은 집이라네

# 열왕기상 12~14장

오늘의 키워드는 **"분열"**입니다.

묵상시

솔로몬이 심은 불순종의 씨앗
두 줄기로 자라나
하나는 북으로
하나는 남으로 나뉘었네

르호보암이 왕이 되자 백성은 그에게 노역을 가볍게 해줄 것을 요구합니다. 그러나 르호보암은 늙은 신하들의 조언을 무시한 채 젊은 신하들의 말을 듣고 백성의 요구를 무시하였으니 백성의 반란으로 나라가 둘로 나뉘게 됩니다.

북쪽은 금송아지를 만들어
화려함을 자랑하고
남쪽은 가지마다 산당을 지어
죄악을 품고 있으니

이는 솔로몬의 우상숭배로 인한 죄의 대가를 치루는 하나님이 내리시는 징계입니다. 남쪽은 **르호보암**을 중심으로 유다와 베냐민 지파가 남 유다를 이루고, 북쪽은 **여로보암**을 중심으로 북 이스라엘을 이루며 두 나라는 적대관계로 다툽니다.

죄악의 겉모습은 아름다워도
생명을 파괴하나니
말씀이 없음이 죄악이요
불순종의 결과는 파멸뿐이로다

정통성이 없는 북 이스라엘은 백성의 종교행사를 위한 예루살렘으로의 이동을 막으려고 벧엘과 단에 우상을 만들어 섬기게 합니다. 레위인이 아닌 아무나 제사장으로 삼고, 절기를 7월에서 8월로 바꾸어 지내게 하였으니 이는 하나님을 거역하는 것입니다.

# 열왕기상 15~22장

오늘의 키워드는 **"몰락"**입니다.

■ 남 유다의 르호보암은 – 아비얌 – 아사 – 여호사밧 – 아하시야로 이어지나 예후에게 죽임 당하고
■ 북 이스라엘의 **여로보암**은 – **나답** // **바아사의 반역** – **엘라** // **시므리의 반역** // **오므리의 반역** – **아합** – **아하시야** – **요람**으로 이어지나 예후에게 죽임 당합니다.

북 이스라엘의 악행은 배반의 연속으로 이어지며, 오므리와 아합의 악행위에 이세벨이 불을 지르니, 이스라엘의 죄악은 지붕 꼭대기까지 타오르고 있습니다. 이때 하나님은 엘리야를 보내어 믿음의 방향을 제시하며 갈멜산의 기적으로 살아계신 하나님을 명백히 증거하십니다.

하나님은 악한 왕조를 심판하시려고 엘리야를 통하여 하사엘을 아람의 왕으로, **예후**를 이스라엘의 왕으로, 엘리사를 엘리야의 후계자로 세우십니다.
"하사엘의 칼을 피하는 자를 예후가 죽일 것이요 예후의 칼을 피하는 자를 엘리사가 죽이리라" 하셨으니, 아합은 전장에서 비명횡사하고 이세벨과 요람은 예후의 손에 죽임 당하고 바알의 제사장은 몰살되고 신당은 헐립니다.

## 묵상시

한 뿌리에서 자란 나무 두 동강 나서
거름더미에 버려진 북이스라엘,
그곳에서 가장 악한 오므리 왕조가
자라고 있었는가

악한 나무에서 악한 가지가 자라나듯
오므리의 몸통에서
악한 왕 아합이 뻗어나왔으니
어찌하랴
절망에 빠진 북이스라엘이여

하나님은 심판이 목적이 아니요
구원하심이 목적이니
몰락의 길을 걷는 자들에게
가장 위대한 선지자
엘리야를 보내어 말씀하시고
갈멜산의 기적을 보이시어
살아계신 하나님을 증거하심이라

# 열왕기하 1~8장

오늘의 키워드는 **"회유"**입니다.

엘리야의 뒤를 이은 **엘리사**의 사역입니다. 모압과의 전쟁에 나섰다가 물이 없어서 패전 위기에 처한 이스라엘과 유다의 동맹군은 엘리사의 도움으로 승리를 예측합니다. 그러나 모압 왕의 자식을 제물로 바치는 잔악한 행위에 믿음이 위축되어 퇴각하는 불신앙을 저지릅니다.

엘리사가 보여주는 여러 기적은 하나님의 은혜이며, 구원이 하나님께 있음을 보여주고 있습니다.
아람 군대의 눈을 멀게 하여 퇴각시킨 일과 굶어 죽게 된 사마리아 성에서 소리를 통해 아람 군대를 퇴각시킨 일은 백성에게 하나님 절대 신앙을 보여주고 계십니다.

하나님은 자신의 백성을 사랑하십니다. 그러나 아무리 기다려도 돌아오지 않는 패륜아 이스라엘을 길들이기 위하여 하나님은 아람의 하사엘을 도구로 사용하시고, 아합의 잔재를 청산하기 위하여 예후를 준비하고 계십니다.

### 묵상시

하나님은 엘리사를 보내어
이스라엘의 길을 인도 하시네

모압과의 전쟁에서 물이 없어 죽게 된
이스라엘을 구하시고
아람군대에 갇혀 굶주려 죽게 된
이스라엘을 구하시며
하나님께 돌아오라는 길을 보여 주시네

눈이 있어도 보지 못하며
귀가 있어도 듣지 못하는 자들에게
선지자의 입으로 말씀하시며
선지자의 기적으로 보여주시며
전능하신 하나님의 집을 보여주시네

보함직한소 먹음직한
세상의 열매를 찾아 떠나는 자들을 향하여
성령의 열매가 풍성한
아버지의 집으로 돌아오라고
오늘도 회유하고 계시네

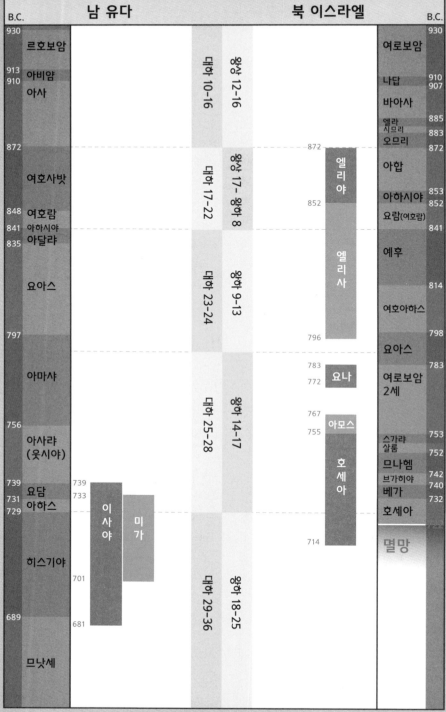

| B.C. | 남 유다 | | | 북 이스라엘 | B.C. |
|---|---|---|---|---|---|
| 930 | 르호보암 | 왕상 12-16 | 대하 10-16 | 여로보암 | 930 |
| 913 910 | 아비얌 | | | 나답 | 910 907 |
| | 아사 | | | 바아사 | |
| | | | | 엘라 시므리 | 885 883 |
| 872 | | | | 오므리 | 872 |
| | 여호사밧 | 왕상 17- 왕하 8 | 대하 17-22 | 아합 | |
| 848 | 여호람 | | | 아하시야 | 853 852 |
| 841 | 아하시야 | | | 요람(여호람) | 841 |
| 835 | 아달랴 | | | 예후 | |
| | 요아스 | 왕하 9-13 | 대하 23-24 | | 814 |
| | | | | 여호아하스 | |
| 797 | | | | 요아스 | 798 |
| | 아마샤 | 왕하 14-17 | 대하 25-28 | 여로보암 2세 | 783 |
| 756 | 아사랴 (웃시야) | | | 스가랴 살룸 | 753 752 |
| | | | | 므나헴 | 742 |
| | | | | 브가히야 | 740 |
| 739 | 요담 | | | 베가 | 732 |
| 731 729 | 아하스 | | | 호세아 | |
| | 히스기야 | 왕하 18-25 | 대하 29-36 | 멸망 | |
| 689 | | | | | |
| | 므낫세 | | | | |

엘리야 872–852
엘리사 852–796
요나 783–772
아모스 767–755
호세아 755–714
이사야 739–681
미가 733–701

도표3. 150일 성경통독 2019. 윤 석

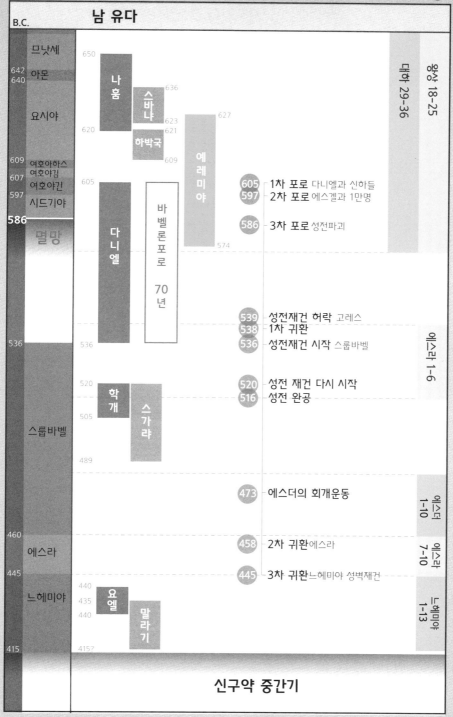

B.C.

## 남 유다

므낫세
아몬
642
640
요시야
620

609 여호아하스
607 여호야김
여호야긴
597 시드기야

**586**
멸망

536

스룹바벨

460
에스라
445
느헤미야
415

650 나훔
636 스바냐
623
621 하박국
620
609
627 예레미야
574

605 다니엘
536

바벨론포로 70년

520 학개
505 스가랴
489

440
435 요엘
440 말라기
415?

대하 29-36 / 왕상 18-25

605 **1차 포로** 다니엘과 신하들
597 **2차 포로** 에스겔과 1만명
586 **3차 포로** 성전파괴

539 **성전재건 허락** 고레스
538 **1차 귀환**
536 **성전재건 시작** 스룹바벨

520 **성전 재건 다시 시작**
516 **성전 완공**

에스라 1-6

473 **에스더의 회개운동**
에스더 1-10

458 **2차 귀환** 에스라
에스라 7-10

445 **3차 귀환** 느헤미야 성벽재건
느헤미야 1-13

## 신구약 중간기

# 열왕기하 9~17장

오늘의 키워드는 **"결과"**입니다.

■ 북 이스라엘은 **예후**가 아합의 잔재를 깨끗하게 청산하지만 우상을 섬기는 죄에서 떠나지 아니하므로 4대에 걸친 예후 – **여호아하스 – 요하스 – 여로보암2세 – 스가랴** 까지 이어지고 // **살룸**의 반역 // **므나헴**의 반역 – **브가히야** // **베가**의 반역 // **호세아**의 반역으로 왕권이 바뀝니다. 하나님께로 돌아오지 않는 북 이스라엘은 8번의 피의 쿠데타로 얼룩지고, 결국은 호세아를 마지막으로 앗수르에게 멸망을 당하니(B.C. 722년), 나라 전체의 죄의 결과가 나라 전체의 사망에 이르는 무서움을 봅니다.

■ 남 유다는 예후에 의해 죽은 **아하시야** 이후 악한 **아달랴**(아하시야의 모친, 아합의 집안 사람)가 유다의 왕족을 몰살시키려합니다. 그러나 그녀는 제사장인 여호야다에 의해 죽고 **요아스**가 가까스로 살아나서 – **아마샤 – 웃시야 – 요담 – 아하스 – 히스기야**로 이어집니다. 사탄은 악한 아달랴를 통하여 유다왕가의 씨를 말리려 하나 사탄의 결말은 심판입니다. 하나님은 다윗에게 약속하심을 이루시려고 요아스를 구하시어 다윗의 혈통을 보존하십니다.

묵상시

하나님은
죄악이 있는 곳에 죄악을 씻으려고
맑은 물을 보내시네

농부의 마음으로
좋은 씨앗 뿌림 같이
좋은 열매 맺으라고
맑은물을 보내시는데
가라지가 들어와 뿌리 내리고
그 곳에 악함만 가득하니

우상과 혼합하여 순결을 잃은 자들아
타작마당을 기다리라
하늘에서 쏟아지는 우박처럼
광풍에 날아가는 먼지처럼
심판의 날이 이르리라

# 열왕기하 18~25장

오늘의 키워드는 **"심판"**입니다.

아하스의 뒤를 이는 히스기야는 신앙 개혁을 주도하여 성전 중심의 신앙을 확립하니 여호와께서 그를 돕고 나라가 형통합니다.

뒤를 이어 **므낫세**가 왕이 되었으나 생물학적으로는 히스기야의 아들이지만 그는 영적으로는 아버지의 믿음을 이어받지 못한 사생아입니다. 므낫세가 악행을 저질렀으니 하나님은 그로 인하여 유다의 심판을 말씀하십니다.

이스라엘에서 전무후무하게 율법을 준수한 **요시야**는 대대적인 종교 개혁을 이루지만 므깃도에서의 전사로 인하여 남 유다의 운명이 바뀝니다. 그의 뒤를 이은 왕들의 타락으로 유다는 결국 바벨론의 포로로 끌려가니(B.C. 586년), 신명기 28장의 순종과 불순종에 대한 결과가 축복과 저주로 백성의 삶 속에서 나타나고 있습니다.

솔로몬의 죄악으로 인하여 슬픈 유다여...
불순종의 쓴 뿌리에서 자라난 슬픈 유다여...

**묵상시**

좋은 씨를 뿌리고
이른 비와 늦은 비로 가꾸시는데
변종을 좋아하여
루시퍼와 짝하는 자들아

그리스 철학이 좋더냐
로마의 원형경기장을 즐기더냐
번들거리는 우상을 좋아하여
죽음의 길을 앞서가는 자들아

시퍼런 농부의 낫
종말의 시간이 다다르면
알곡은 곳간으로...
변종은 아궁이로...
인생길을 마치는
심판의 날에는,

# 역대상 1~10장

오늘의 키워드는 **"다윗"**입니다.

역대기는 바벨론 포로 후기의 역사서로써 이스라엘 중심의 과거 역사를 돌아보며, 아담부터 다윗 왕조 까지 초점을 맞추고 있습니다.

하나님은 죄악이 극심한 세상을 홍수로 멸망시키고 인류의 역사를 8명의 노아 가족으로 새롭게 시작합니다. 아브라함에게 약속하신 큰 민족의 꿈을 이루시기 위하여 야곱에 의한 12지파의 틀을 만드십니다.

유다지파에서 다윗이 나오는데, 다윗은 하나님 나라를 회복하고 완성하는 하나님의 택함 받은 자요. 다윗 왕가의 이야기는 역대기의 중심축을 이룹니다.

하나님은 순종하는 자가 다스리는 나라를 원하십니다. 사울의 패망은 그의 인본주의적 모습 때문입니다. 여호와께서 그를 패망케 하시고 다윗에게 왕권을 넘겨주십니다. 하나님은 불순종하는 자를 원치 않으시며 명령을 생명으로 받드는 순종하는 자를 통하여 일을 행하십니다.

### 묵상시

양을 치던 다윗
누구도 그를 인정하지 않았으나
하나님은 그를 택하셨네

성령이 다윗과 함께하시니
사울의 악신은 떠나가고
골리앗은 한방에 고꾸라졌네

순종하는 그를
하나님이 보호하시사
이스라엘의 왕으로 삼으셨으니

하나님을 사랑하는 자를
하나님이 도우시며
하나님 나라의 주인공 삼으시네

# 역대상 11~20장

다윗이 온 이스라엘의 왕으로 세움 받았으니 여호와께서 사무엘을 통하여 하신 말씀을 이루십니다. 예수 그리스도가 낮은 자의 모습으로 오신 것처럼, 다윗은 비천하고 낮은 이방여인 룻의 혈통에서 나와 이스라엘을 구할 왕으로 등장합니다.

다윗은 여부스 족이 사는 성을 점령하였으니 그곳 이름이 시온성이요 · 다윗 성이요 · 예루살렘 성입니다. 다윗이 여호와의 궤를 다윗 성으로 옮기고 부른 그의 찬송 "여호와는 위대하시니 극진히 찬양하며 모든 신보다 경외할 것임이여"라는 고백은 그가 왕이지만 하나님을 경배하는 자요. 하나님을 위해 세워졌음을 보여주는 장면입니다.

하나님의 이름으로 진군하는 다윗의 군대는 강하여 전쟁마다 승리를 거두며 모든 민족이 그를 두려워합니다. 말씀을 떠난 그의 조상들은 고통받는 나약한 민족이었으나, 이제 말씀으로 돌아온 절대신앙의 이스라엘은 세상에 우뚝 서서 세상을 지배하고 다스립니다.

묵상시

아침을 기다리는 식물이
태양을 받으며 일어섬 같이
주님을 기다리는 목마른 나는
영원한 생수로 힘을 얻습니다

여호와를 찬양하는 다윗을
원수의 손에서 구하신 하나님이
사랑하는 당신의 백성을
죄악의 길에서 구하십니다.

약한 나를 강하게
흑암에서 일어서게 하시고
거친 인생의 광야길을
천둥치며 달리게 하십니다

# 역대상 21~29장

오늘의 키워드는 **"준비"**입니다.

묵상시

사탄은 이방나라들을 통하여 다윗 왕국을 훼방하나 뜻을 이루지 못하자 이제는 다윗을 직접 공격합니다. 노년의 나이에 사탄의 꾐에 넘어간 다윗은 인구조사를 실시하지만, 내면의 이유는 다윗의 신앙이 흐려졌음이요, 백성이 죄악에 빠져가고 있기 때문입니다. 하나님 앞에서 범죄함을 깨달은 다윗은 즉시 회개하며 하나님의 징계를 겸허하게 받습니다.

다윗은 평생의 꿈인 성전 건축을 생각합니다. 그러나 하나님은 그에게 허락하지 않으십니다. 다윗은 그의 아들 대에 행하기 위해 건축을 위한 재료를 준비하고 성전에서 사역할 자들을 미리 세워서 성전 운영을 준비합니다.

다윗의 이러한 회개하는 신앙과 준비하는 모습을 통하여 그가 하나님을 얼마나 많이 사랑하는지와 그의 신앙이 위대함을 알게 합니다. 또한 다윗은 왕권을 이어받을 솔로몬을 위하여 여호와께 지혜와 총명을 간구하고, 솔로몬에게 당부하기를 여호와께서 이스라엘에게 명령하신 모든 규례와 법도와 율법을 지키라 명령하십니다.

험한 길을 걸어왔어도
하나님의 은혜를 아는 자는 복 있도다
잘못을 저질렀어도
그 길에서 즉시 돌아서며
눈물로 회개하는 자는 복 있도다

하나님의 나라를 위하여
하나님의 영광을 위하여
눈물을 흘리며 씨를 뿌리는 자여
레바논의 백향목을 쌓아놓고
금은보화를 쌓아놓고
성전 건축을 계획하지만
너의 모습은 여기까지...

하나님이 허락하는 곳 까지만 달리는 자
하나님께 순종하며
하나님 나라를 준비하는 자로다

# 역대하 1~9장

오늘의 키워드는 **"솔로몬"**입니다.

"누가 능히 하나님의 성전을 건축하리요." 다윗에게 성전 건축의 명령을 받고 준비하는 솔로몬은 하나님의 질문에 지혜와 지식을 구합니다. 하나님은 그를 높게 평가하시어 지혜는 물론 부귀영화를 더하여 주셨으니, 그의 지혜는 성전 건축과 그의 정치에 활용됩니다.

성전 봉헌식에서 솔로몬은 성전을 하나님의 영원한 처소로 드린다는 고백을 합니다. 또한 백성이 주를 경외하며 주의 길로 걸어갈 것을 권하며 기도드리니 하늘에서 불이 내려와 번제물을 사르고 여호와의 영광이 성전에 가득합니다.

솔로몬이 성전 헌당을 마치지만 실패한 정치인으로 전락합니다. 그는 하나님의 명령을 정면에서 위배하였으니, 국방을 위하여 많은 이방 여인의 정략결혼과 군마를 많이 둔 것입니다. 자신의 지혜를 의지하는 그는 결국 하나님과 점점 멀어져 다윗이 세운 왕권을 패망으로 몰고 가는 장본인입니다.

하나님이 원하시는 것은 눈에 보이는 건축물이 아니요, 내 마음의 터전 위에 순종으로 쌓아올리는 성전 건축입니다.

### 묵상시

고난의 잔을 마시지 않은 자는
인생의 진정한 가치를 알지 못하나니
아버지 덕으로 왕좌에 오른 솔로몬
부귀영화의 정점에 올랐도다

군대를 늘리고
처첩을 많이 거느렸으니
하나님의 은혜는 알지 못하고
자신의 지혜를 믿고 사는자로다

좋은 집을 드릴지라도
일천번제를 드릴지라도 소용없나니
하나님이 원하시는 것은
순종하는 인생이요
겸손함으로 드리는 인생이라

고난의 잔을 마시자는
인생의 가치를 깨닫나니
자신의 평생의 삶을 소중히
말씀 앞에서 가꾸는도다

# 역대하 10~16장

오늘의 키워드는 **"정통성"**입니다.

**솔로몬**의 패역으로 나라는 두 동강 났지만 하나님은 솔로몬의 자녀를 통한 다윗의 정통성을 이어가십니다. 여로보암은 백성이 예루살렘으로 가는 것을 차단하기 위하여 벧엘과 단에 그들이 만든 우상을 세웁니다. 그리고 레위인인 제사장들을 폐하고 일반인으로 제사장을 세워 남 유다의 정통성을 모방합니다.

제사장들과 레위인이 여로보암에게서 쫓겨나 남 유다로 피난 올 때 하나님을 믿는 신실한 백성도 그들을 따라 나옵니다. 열 지파가 북 이스라엘을 따르지만 남 유다를 당하지 못하는 것은 남 유다는 용맹한 유다 지파와 그를 따르는 베냐민 지파로 구성되어 있음이요, 가나안 정복 때 넓은 영토를 분할 받았으며 하나님이 도우시기 때문입니다.

**르호보암 – 아비야 – 아사**로 이어지는 왕권은 북 이스라엘과 같지 않고 비교적 하나님 편에 있습니다. 이스라엘의 정통성은 숫자에 의함이 아니요. 여호와를 믿는 신앙 안에서 주어지는 것입니다.

정통성이 없는 여로보암을
북 이스라엘의 왕으로 삼았는데
그는 벧엘과 단에 우상을 만들어
예루살렘으로 가는 길을 차단했네

혈통으로 대를 이은
남 유다의 솔로몬의 자손들
대를 이어 왕위를 누렸으나
신앙을 사수하지 못하여
가시밭길 걷고 있네

예수 그리스도의 오심의 길에
라합과 룻이 있었나니
육의 혈통이 중요함이 아니요
믿음의 혈통이 참된 혈통이라네

사랑하는 통독 식구들이여
말씀이 믿음으로 피어날 때 까지
신앙의 정통성을 유지하며
천국에 이르도록 함께 달려가보세

# 역대하 17~24장

오늘의 키워드는 **"헛발질"**입니다.

**아사**의 뒤를 이는 **여호사밧**이 바알을 섬기지 않고 하나님을 섬기니 유다나라는 점점 더 강성해집니다. 그러나 북 이스라엘의 아합의 후손인 여호람과 동맹을 맺는 실수를 범합니다. 여호사밧은 아들 여호람을 아합의 딸 아달랴와 결혼 시켰으니 여호람은 아합 집안의 사위가 되는 신앙의 헛발을 내딛고 있습니다.

여호람은 병으로 죽고 **아하시야**가 왕이 됩니다. 아하시야는 북 이스라엘의 개혁자인 예후에 의해서 아합 자손이 죽을 때 죽임 당했으니 악한 것과 멍에를 같이 멘 여호사밧의 죄 때문입니다.

아하시야가 죽은 후 그의 어머니 **아달랴**가 왕권을 잡고 왕족을 몰살시키려 하지만 신실하신 하나님은 **요아스**를 살려서 유다 왕의 혈통을 이어가게 하십니다. 제사장 여호야다를 보내어 그를 보호하고 교육시키며 우상을 척결하고 정치를 돕습니다. 그러나 여호사밧 사후에 요아스의 신앙은 흔들려 여호와를 버리고 우상을 섬겼으니 여호사밧의 헛발질의 결과는 유다를 대대로 멍들게 하였습니다.

**묵상시**

멀쩡한 집에 태어난 아하시야
별 어려움 없이 자랐는데
무엇이 부족하여
헛발질로
아합 집안의 사위가 되어
처가집에 갔다가 비명횡사 당했는가

시작과 끝을 주관하시는 하나님이
아합의 잔재를 청소할 때
예후의 헛손질로
아하시야도 죽었나니
마땅히 있어야 할 곳을 알고
그곳에 거하는 것이 복이로다

# 역대하 25~32장

오늘의 키워드는 **"실패"**입니다.

아마샤 – 웃시야 – 요담 – 아하스를 지나고 **히스기야**가 왕이 됩니다. 그는 성전을 수리하고 속죄제를 드리며 하나님과의 관계 회복을 주도합니다.

또한 유대와 북 이스라엘 백성을 초청하여 유월절 행사를 치룬 후 우상을 척결하며 종교 개혁을 주도합니다.

앗수르의 침략으로 위기에 처한 히스기야는 하늘을 향하여 부르짖어 기도합니다. 여호와여 긍휼히 여기소서, 기도를 들으신 하나님이 천사를 보내어 앗수르 진영을 흐트러뜨려 퇴각하게 하고 고국에 돌아간 산헤립은 그의 자식들에 의해서 살해당하게 합니다.

히스기야가 병들어 죽게 되자 그는 하나님께 기도함으로 나음을 입게 됩니다. 하나님이 그에게 부유함을 주셨으나 그가 하나님께 영광 돌리지 못함은 그가 받은 은혜가 풍족하지만 그가 하나님의 은혜인 것을 인식하지 못하는 장면입니다. 이러한 히스기야의 인본주의적 신앙은 자녀 교육의 실패로 나타나며 그의 아들 므낫세를 통하여 쓰라린 고통의 맛을 보게 됩니다.

**묵상시**

성전을 수리하고
속죄제를 드리며
하나님의 일을 주도하던 히스기야
병들어 죽게 된 그를
하나님은 생명 뿐만 아니라
부유함도 주셨으니
그는 리틀 솔로몬이 되었네

그러나 그가 누리는 복된 생활을
하나님께 영광 드리지 아니하고
자신의 것처럼 우쭐대고 있으니
잠깐 보이다가 없어지는
안개와 같은 것이 인생인 줄 몰랐더냐

인본주의 삶 뒤에는
인본주의 후손이 태어나나니
하나님을 따르면서
세상을 겸하여 섬기는 자
세상이 좋아 세상의 법을 따르나니
그는 점점 하나님과 멀어지는도다

# 역대하 33~36장

오늘의 키워드는 **"패망"**입니다.

히스기야의 뒤를 이은 **므낫세**는 산당을 다시 세우고 바알들을 위하여 다시 제단을 쌓으며 여호와의 전에 우상을 세우는 악행을 저지릅니다. 하나님은 그를 앗수르의 손에 넘기니 그제서야 므낫세는 겸손하여지고 회개의 기도를 드립니다.

뒤를 이은 **아몬**은 악행으로 인하여 살해당하고 어린 **요시야**가 왕이 됩니다. 그는 여호와 보시기에 정직히 행하여 좌우로 치우치지 아니합니다. 그는 우상들을 부수고 성전에서 발견한 율법책을 온 백성 앞에서 읽으며 믿음의 모습을 보입니다. 요시야가 애굽과의 전쟁에서 죽으매 온 유다는 슬픔에 잠기고 예레미야는 그를 위하여 애가를 지어 부릅니다.

이후 **여호아하스 · 여호야김 · 여호야긴 · 시드기야**로 이어지는 유다의 역사는 므낫세의 죄악으로 인하여 심판을 받게 되며 왕과 백성이 바벨론 포로로 끌려갔다가(B.C. 722년), 칠십 년이 지난 후 고국으로 돌아오는 슬픔과 감동의 역사입니다.

나라 전체의 고통은 나라 전체의 죄악 때문입니다. 그럼에도 불구하고 하나님은 회개하는 백성을 외면하지 않으셨으니 감사의 눈물을 흘립니다.

묵상시

솔로몬의 죄악이여
므낫세의 죄악이여
불순종의 거리마다 끌려가는
유다의 백성이여
므깃도의 눈물이여

공산주의에 갇힌 백성
꽁꽁 얼어붙은 북녘 땅
악령에 짓눌린 동방의 예루살렘
사상의 혼탁함으로
눈물 흘리는 나의 조국이여

너는 서쪽에서 울고
나는 동쪽에서 울고
70년의 포로생활이 끝나고
분단의 나라가 회복되기 까지
무너진 성전을 재건하자

# 에스라 1~10장

오늘의 키워드는 **"성전 재건"**입니다.

묵상시

70년의 세월이 지난 후 하나님은 **고레스 왕**의 마음을 감동시켜 바벨론으로 끌려간 유다 포로들의 귀환을 허락하는 칙령을 내리며 성전 건축에 필요한 물자 공급을 약속하십니다.

**1차 귀환**(B.C. 538년)- **스룹바벨**과 제사장들의 인도로 이루어지며 그들은 성전 건축을 시작합니다. 사마리아인들의 방해로 건축이 중단되지만 다시 다리오 왕의 재가를 받아 학개와 스가랴의 주도하에 성전 건축을 마무리 합니다.

**2차 귀환**(B.C. 458년)- **에스라**의 주도로 이루어지고, 제사장이요 율법학자인 그는 회개 운동을 벌입니다. 이방 여자와 결혼한 죄를 회개하고 이방 족속과의 관계를 끊으라 명령합니다.

성전 재건은 하나님의 임재의 회복이며 하나님 나라의 시작입니다. 죄악에 물든 마음을 먼저 청산하고 마음 속에 하나님의 말씀을 심는 것이 내 몸의 '성전 재건'입니다.

진액이 다 빠지고
고통의 터널을 지나왔는가
포로생활 70년이 다 채워지고
고국으로 돌아온 백성아
무너진 성벽을 재건하고
성전을 다시 건축하여라

젊은 날을 다 낭비하고
굽고 갈라진 몸으로
아버지의 품으로 돌아오는 백성아
더 늦기 전에 이제라도
흐트러진 마음 정돈하고
예배를 회복하여라

# 느헤미야 1~13장

오늘의 키워드는 **"성벽 중수"**입니다.

예루살렘 성 훼파의 소식을 접한 느헤미야는 아닥사스 왕에게 성벽 복구를 위해 자신을 보내 달라고 청원합니다.

**3차 귀환**(B.C. 444년)은 **느헤미야**에 의한 것으로, 성벽 복구를 위해 총독들의 협조를 명시한 조서를 받은 느헤미야가 예루살렘에 도착합니다.

느헤미야의 관료 경험은 성벽 복구 작업을 구간별 분담으로 진행합니다. 방해하는 자들이 있지만 하나님께 기도하며 백성을 격려하고 손에 병기를 잡고 일을 함으로 결국 성벽 복구 공사를 52일 만에 완수합니다.

성벽이 재건되고 백성들이 정착하자 느헤미야는 바로 영적 대각성 운동을 벌입니다. 백성은 회개하며 이방인과 연합을 끊고 말씀에 순종하기를 다짐합니다. 성벽은 적의 공격을 막고, 영적 각성은 이방 종교의 유입을 막으며 타락한 문화에서 나를 보호합니다.

여호와의 말씀으로 성벽을 쌓는 자는 강건하여 세상을 이기고 세상을 아름답게 기경합니다.

묵상시

예루살렘의 훼파 소식을 들은
느헤미야
고국에 도착여
반대자들의 위협을 무릎쓰고
한 손에는 연장을 들고
한 손에는 무기를 들고
52일 만에 성벽을 재건하였네

골리앗의 비웃음 소리처럼
하나님을 조롱하는 무리들이
도처에서 비웃고 있는데
사랑하는 백성의 영적 부흥 위해
한 손에는 연장을 들고
한 손에는 복음을 들고
주님 나라 이루어 가고 있네

# 에스더 1~10장

오늘의 키워드는 **"보호"**입니다.

1차와 2차의 귀환 사이(B.C. 478년)에 있었던 에스더서의 내용은 포로의 신분에서 페르시아의 왕비가 된 **에스더**를 중심으로 전개됩니다. 사울의 불순종으로 살아난 아말렉의 후예 **하만**이 유다 자손을 진멸하려는 음모를 꾸미니 유다 자손의 운명은 풍전등화와 같습니다.

사태를 접한 에스더는 유다 백성에게 금식을 선포하고 자신도 금식한 후 왕 앞에 나아가리니 '죽으면 죽으리라.'
에스더가 왕을 위한 연회에서 하만의 음모를 밝힙니다. 하만은 죽임을 당하고 **모르드개**가 권세를 잡으니 유다 사람들은 죽을 위기에서 적들을 처단하고 생명을 보전합니다.

에스더서가 없으면 2차 3차 포로귀환도 없습니다. 백성이 적국에 눌러앉아 돌아올 생각을 하지 않을 때에 하나님은 악한 하만을 등장시켜 백성을 기도하게 만드셨습니다. 그리고 희미해져가는 신앙을 회복시키십니다. 하나님은 약속을 반드시 지키십니다.

## 묵상시

하만의 음모로 인하여
민족 몰살의 위기에 있는 이스라엘
모르드개의 다급함은
왕비 에스더를 움직였으니
너는 왕궁에 홀로 있으되
혼자 살기를 구하지 말라

에스더가 이르되
당신은 온 이스라엘 백성에게
사흘동안 금식을 선포하며 도와라
내가 왕 앞에 나아가리니
죽으면 죽으리라

사방이 막혀 어디로도 갈 수 없는
절체절명의 순간에
우리의 갈 곳은 하늘 밖에 없나니
하나님께 드리는 자녀의 기도는
하늘 문을 열게하는 최고의 방법이네

# 욥기 1~14장

오늘의 키워드는 **"시험"**입니다.

사탄은 **욥**이 하나님을 경외하는 이유가 복을 많이 받았기 때문이라 말합니다. 그러나 욥의 신앙을 인정하시는 하나님은 욥을 사탄에게 내어줍니다.

첫 번째 시험에서 욥은 하루아침에 모든 재산과 자녀들을 잃었으나, "주신 이도 여호와시요 거두신 이도 여호와시라"는 고백으로 사탄의 시험을 이깁니다

두 번째시험에서 욥은 질병으로 심한 고통을 느끼지만 입술로 범죄치 아니하였으니, 복을 받기 때문에 하나님을 경외한다는 사탄의 주장을 부끄럽게 만듭니다.

욥을 위로하러 온 세 친구는 할 말을 잊고 소리 질러 울며 인과응보적 신앙으로 욥을 책망하고 권고합니다.

사탄은 '복과 경외'를 하나로, 친구들은 '죄와 벌'을 하나로 봅니다. 그러나 욥은 하나님을 의지하며 고난에서도 흔들림 없이 신앙을 굳게 지키고 있습니다. 작은 일에도 쉽게 흔들리는 우리의 마음에 믿음의 교훈을 남깁니다.

**묵상시**

어둠이 밀려오면
모든 것 포기하고 돌아서야 하느냐
어둠이 밀려오면
불을 밝히고
못다한 일 이루어야 하리라

모닥불이 아름답다고
그 속으로 들어갈 수 있느냐
모닥불이 피어오르면
차가운 몸을 녹이면 되리라

세상의 모든 일은
상황에 따라 대처 방법이 다르나니
선한 것은 선함으로 대하고
악한 것은 과감하게 버려야 하리라

죄의 결과는 죽음이나
믿음의 결과는 생명이라
시험이 와도 넘어지지 않음은
능력 주시는 자 안에 거함 때문이라

# 욥기 15~21장

오늘의 키워드는 **"논쟁"**입니다.

욥의 친구들은 자신들의 권고가 받아들여지지 않으니 이번에는 욥의 어리석음을 증명하려고 노력합니다. 친구들의 욥에대한 반발심은 욥을 정죄하며 욥의 재난을 죄와 연결시키고 악자필멸의 논리로 욥의 고통을 가중시킵니다.

엘리바스와 빌닷은 욥에게 닥친 재난을 죄와 연결시켜서 "재난을 잉태하고 죄악을 낳으며…"라고 말하고, 소발은 악자필멸의 논리를 내세워 "하늘이 그의 죄악을 드러낼 것이요…"라고 말하며 욥의 고통을 가중시킵니다.

그러나 욥의 대답은 단호합니다. 자신이 당한 재난이 악 때문이 아니며, 하나님의 목적에 의해서 일어난 것이라는 회복의 확신이 있습니다.

인생의 앞길에 욥과 같은 고난이 있어도 하나님 믿는 절대신앙을 소유하는 자는 결코 좌절하지 않습니다. 고난의 돌덩어리는 오히려 성도를 강하게 만드는 믿음의 징검다리입니다.

**묵상시**

'알 수 없어요'를 외치는
옛 시인의 안타까운 절규는
창조주가 누구인지 모르기 때문이오

욥의 친구들이 나무라는
권선징악의 논리는
하나님의 깊은 섭리를 모르기 때문이라

하나님을 믿으나
성경을 믿지 않는 자들아
하나님의 천지창조는 인정하면서도
성경의 기적들을 부인하느냐

홍해의 물이 차곡차곡 쌓임을
과학으로 풀려하느냐
지구의 23.5° 기울어짐을
인간의 지식으로 풀려고 하느냐

# 욥기 22~26장

오늘의 키워드는 **"공방전"**입니다.

상대방을 죄인으로 단정하고 나누는 대화는 해결의 실마리를 찾지 못합니다. 욥의 친구 엘리바스는 욥의 죄악을 하나하나 나열하며 욥에게 회개를 촉구합니다. 그러나 욥은 지금 당하는 고난을 하나님의 심판으로 바라보지 않고 하나님의 시험(test)으로 간주하며 자신의 결백을 주장합니다.

친구들은 고난이 악인에게만 있다고 말하나 욥은 그들의 주장과는 달리 의인도 악인처럼 고난 당할 수 있으며 그 결과는 확실하게 악인과는 다르다고 대답합니다. "내가 가는 길을 그가 아시나니 그가 나를 단련하신 후에는 내가 순금같이 되어 나오리라."

천지를 창조하신 하나님의 주권적인 섭리를 알지 못하는 욥의 친구들의 변론은 시종일관 인과응보적 해석으로 귀결된 오류를 범합니다. 그러나 성경을 읽으며 하나님의 뜻을 깨닫기 원하는 자는 성령의 조명을 받음으로 하나님의 마음을 읽을 수 있습니다.

## 묵상시

구름 끼면 반드시 비가 내리고
닭이 울면 반드시 새벽이 왔다고
단정 지을 수 있더냐

땅따먹기에 여념 없어
다투고 싸우고 노력을 기울이나
해가 지면 모두 놓고 떠나야 하는데...

작은 틀 안에 갇혀서
나의 시각으로 사람을 정죄하며
아직도 주님을 십자가에 못박고 있더냐

그림이 완성되면 이해할 수 있나니
작은 자대를 필통속에 집어 넣고
영혼의 그림을 그려보자

# 욥기 27~37장

오늘의 키워드는 **"진술"**입니다.

친구들의 반박이 있은 후, 욥은 하나님 앞에서 자신의 결백을 주장하며 과거의 행복했던 날들을 회상합니다.

그리고 하나님의 법정에 선 것처럼 자신을 변론합니다.

음욕을 품지 않았으며 속임수를 쓰지 않았으며 불의와 짝하지 않았으며 우상들에 입 맞추지 않았으며 부당 이익을 취하지 않았습니다. 그러나 욥의 친구들은 욥의 말을 교만으로 여기며 하나님께 복종하기를 촉구합니다.

욥의 말이 교만할지라도 그의 고통이나 그의 결백을 이해하지 못하는 친구들의 처사는 시종일관 질책으로 이어집니다.

그들은 하나님이 자연계의 현상을 통하여 인간을 축복하거나 심판을 하신다고 말합니다. 그러나 친구들은 하나님이 사랑하는 성도를 연단시키는 방법으로 시험(test) 이라는 도구를 사용하심은 알지 못하고 있습니다.

## 묵상시

인생의 걸어온 길
초막이나 거친 들판이나
높은 산을 오르며
절대자 앞에 서는 날
무슨 진술을 할까

고난의 구름이 몰려오고
절망의 계곡에 막혀서
어찌할 수 없는 모습으로
절대자 앞에 서는 날
무슨 진술을 할까

고난의 터널을 지나
하늘을 바라보며
인생의 일기장을 들고
절대자 앞에 서는 날
무슨 진술을 할까

# 욥기 38~42장

오늘의 키워드는 **"결말"**입니다.

변론이 끝난 후 하나님은 침묵을 깨고 폭풍 가운데서 욥에게 말씀하십니다. 무지한 말로 생각을 어둡게 하는 자가 누구냐. 너는 세상에서 일어나는 신비로움을 알만한 지혜가 있느냐는 질문으로 욥의 무지를 일깨우십니다.

하나님의 전능하신 주권 앞에서 욥이 여호와께 대답하되, 나는 비천하오니 무어라 대답하리요. 손으로 입을 가리며 귀로 듣기만 하겠나이다. 이제 나의 교만을 거두어들이소서. 티끌과 재 가운데서 회개하오니 나를 용서하옵소서…

주께서 욥을 받으시고 이전의 모든 소유보다 갑절이나 주십니다. 인생의 결말은 세상의 상식에 의함이 아닌 여호와를 따르는 삶에서 그 가치가 결정되어짐을 욥을 통해서 보여줍니다. "여호와를 경외함이 지혜의 근본이요 악을 떠남이 명철이라."

묵상시

고난의 이유가
죄를 깨닫기 위함이면
주님 앞에 돌아오는 자
그리스도의 보혈로
죄 사함을 받으리라

고난의 이유가
하나님의 영광을 위함이면
시험을 받을 지라도
하나님을 결코
배반할 수 없으리라

앞이 캄캄해도
주님을 의지하면 살리니
인생의 결산의 날이 이르면
주님 안에 있는 자
풍요하리라

# 시편 1~19장

오늘의 키워드는 **"복된 인생"**입니다.

■ 서론(1~2. 시편의 주제)

1편 : 의인과 악인의 대조적 표현으로 선악의 결과가 주어짐. 시편 전체의 주제로 하나님을 섬기는 신본주의 인생관을 보여줌.

2편 : 하나님이 세운 왕을 대적하는 자들은 결국 망함.

■ 고난(3~39)

3~4편 : 압살롬에게 쫓기는 다윗이 절박함으로 호소.

5~7편 : 대적들에게 쫓기는 다윗이 하나님의 도우심을 간구함

8~9편 : 창조주 하나님을 찬양하고 대적들을 정복함을 노래함

10~14편 : 악인의 핍박으로 부터 하나님의 도우심을 간구함

15편 : 다윗의 찬양시

16편 : 죽음을 이기고 구원을 확신하며 그리스도의 부활 예언

17편 : 하나님의 보호와 구원을 간구

18편 : 구원 받은 다윗의 승전가

19편 : 하나님의 교훈을 찬양

20편 : 전쟁은 하나님께 속한 것이요 성도는 믿음으로 힘써 싸워야함

**묵상시**

복 있는 사람은
악인의 꾀를 따르지 아니하며
죄인들의 길에 서지 아니하며
오만한 자들의 자리에 앉지 아니하고

오직 여호와의 율법을 즐거워하여
그 율법을 주야로 묵상하는 자로다

그는 시냇가에 심겨진 나무가
철을 따라 열매를 맺으며
그 잎사귀가 마르지 아니함 같으니
그가 하는 일이 다 형통하리로다

아멘
복 있는 사람은...

# 시편 20~41장

오늘의 키워드는 **"고난"**입니다.

20편 : 전쟁의 승패는 하나님께 있으며

21편 : 승전한 후 하나님께 감사

22편 : 고통당하는 다윗이 그리스도의 수난을 예언

23편 : 하나님과 성도를 목자와 양으로 비유하였고 하나님을 의지하는 자는 하나님의 돌보심과 평안을 누림

24편 : 법궤를 옮긴 것을 기념하는 시로 모든 것 다스리시는 영광의 왕께 예배드림

27편 : 빛 · 구원 · 생명 · 힘 · 방패이신 하나님을 의지함

29편 : 하나님의 소리로 표현된 자연계를 다스리시는 여호와의 권능을 나타냄

30편 : 지금까지 지켜주신 여호와를 높이며 찬양함

31편 : 원수를 피해 도망치던 다윗이 주님을 반석과 산성으로 비유함

32편 : 밧세바를 범한 다윗이 죄에 대해 철저히 회개하고 용서를 구함

34~39편 : 원수의 공격을 피해 여호와를 의지함

■ 승리(40~41)
여호와의 승리는 그를 믿는 자의 승리임.

**묵상시**

여호와는 나의 목자시니
내게 부족함이 없으리로다
그가 나를 풀밭에 누이시며
쉴 만한 물가로 인도하시는도다

내 영혼을 소생시키시고
자기 이름을 위하여
의의 길로 인도하시는도다

내가 사막의 음침한 골짜기로
다닐지라도
해를 두려워하지 않은 것을
주께서 나와 함께 하심이라

주의 지팡이와 막대기가
나를 안위하시니이다
아멘

# 시편 42~50장

오늘의 키워드는 **"생명"**입니다.

■ 왕과 시온(42~50)

42편 : 목마른 사슴에게 시냇물은 생명인 것처럼, 쫓기는 자의 간절함은 생명을 보호받기 위하여 주를 찾습니다.

43편 : 절망 중에 있는 시인은 하나님의 적극적인 개입을 호소하며 소망의 하나님께 찬송을 다짐함

44편 : 하나님의 도우심으로 번성했던 이스라엘이 죄악으로 인해 지금은 이방 나라들에게 수치를 당하는 위기 속에서 구원을 간구

45편 : 왕이 대적을 정복함은 탄식이 기쁨이 되며 왕조가 튼튼해짐을 보며

46편 : 적들에게 포위당한 이스라엘을 하나님께서 지켜주실 것을 확신함

48편 : 하나님의 성이요 거룩한 성인 시온성은 예루살렘을 넘어서 하나님이 다스리는 세계를 의미함

50편 : 하나님이 우리에게 원하시는 것은 정결함으로 드리는 예배입니다.

먼저 자신의 죄를 낱낱이 하나님 앞에 드러내고 – 그것을 마음 깊이 회개하며 – 감사로 제사 드리는 것이며, 하나님은 이런 자를 구원하십니다.

**묵상시**

하나님은 나의 피난처시요
힘이시니
환난 중에 만날 큰 도움이시라

그러므로 땅이 변하든지
산이 흔들려
바다 가운데 빠지든지
바닷물이 솟아나고 뛰놀든지

그것이 넘침으로
산이 흔들릴지라도
주님이 생명 되시나니
내가 두려워하지 아니하리로다
아멘

# 시편 51~72장

오늘의 키워드는 **"용서"**입니다.

■ 죄와 용서(51~68)

51편 : 밧세바를 범한 죄악 후 참회의 눈물
　　　과 임재의 회복

52편 : 자신을 도와주었다가 사울에게 죽은
　　　아히멜렉 일가의 죽음을 애도함

54~60편 : 사울에게 쫓기고 압살롬에게 쫓
　　　길 때 은혜를 간구하는 기도

61~62편 : 성소를 피난처로 사모하며 예배
　　　드리는 곳으로 여김.

63편 : 주의 인자하심이 생명보다 나으므로
　　　내 입술이 주를 찬양 하리이다

64편 : 악인에게 임할 종말론적 심판

67편 : 하나님의 구원이 이스라엘을 넘어서
　　　모든 민족에게로 퍼져가기를 간구함

68편 : 이스라엘의 과거의 인도하심과 현재
　　　의 돌보심과 미래의 영광을 노래함

■ 다음 세대 (69~72)

69~72편 : 다윗의 다음 세대인 솔로몬이
　　　하나님 나라를 이어갑니다. 하나님
　　　이 원하시는 왕의 모습은 백성을 공
　　　의와 정의로 재판하는 것입니다. 환
　　　난 중에 보호하시고 열방 가운데 높
　　　이 세우신 하나님을 찬양합니다.

밧세바를 범한 후
회개의 눈물을 흘리는 다윗
물로 씻어도 지워지지 않는
가슴 속에 자리잡은 슬픈 죄악이여

침상을 적시고
온몸이 눈물에 젖도록 울어도
멈추지 않고 흐르는 죄악이여

비누칠해서 빨아도
방망이로 두드려도
세탁기에 넣어 돌려도
지워지지 않는 죄의 자국이여

문득 고개를 들어
하늘에 서있는 십자가를 바라보니
나의 죄의 흔적들이 비로소
주님의 보혈로 깨끗해져 있네

# 시편 73~89장

오늘의 키워드는 **"왕국의 멸망"**입니다.

언약을 어긴 백성에 대한 심판.

■ 멸망의 탄식 (73~80)

74편 : 원수들에게 성소가 짓밟힘 당함
하나님께 원수들을 멸하기를 호소

75편 : 악인의 심판을 약속하심
악인을 낮추시고 의인을 높이심

76편 : 온유한 자 구원하시려고 심판하실
때 하늘에서 판결을 선포하심
땅이 잠잠하며 왕들이 두려워함

78편 : 과거의 인도하심을 회상함

79편 : 적들에게 짓밟혀 탄식함
죄를 사함과 긍휼을 간구함

80편 : 회복과 구원을 호소함

■ 원수에 대한 심판 (81~83)
백성이 말씀을 순종하고 따르면
원수를 심판하실 것을 약속하심

■ 회복의 은혜 (84~89)

85,86편 : 분노를 거두시고 구원을 간구하
며 여호와를 찬송함

88,89편 : 나의 기도를 들으소서 내가 원수
들에게 당하는 고통을 나의 힘으로
풀지 아니하고 주께 맡기며 나는 여
호와를 영원히 찬송합니다. 아멘.

묵상시

어찌하여 우리를 버리시나이까
어찌하여 진노를 뿜으시나이까
백성의 죄악이 관영하여
주께서 우리를 치시나이까

적들이 주의 성소를 불사르며
주의 이름을 더럽혔는데
언제까지 침묵하며
언제까지 보고만 있으십니까

엘리 엘리 라마 사박다니
아버지여 어찌 나를 버리셨나이까
죄에 빠진 인류를 구원하려고
아버지여 나를 버리셨나이까

잃어버린 예루살렘을 회복시키려고
핍박 받는 자들을 회복시키시려고
하늘 보좌 버리고
이 땅에 내려오셨나이까

# 시편 90~106장

오늘의 키워드는 **"하나님의 왕권"**입니다.

탄식하며 구원을 간구하는 백성에게 시인은 하나님의 왕권을 선포합니다.

■ 성도의 거처 (90~92)
  90편 : 허망한 인생이 은총을 구함
  91편 : 피난처요 요새이신 하나님
■ 하나님의 통치 (93~99)
  93편 : 온 세상을 다스리시는 하나님
  94편 : 심판하시는 하나님
  95편 : 모든 신들보다 크신 하나님
  96편 : 위대하신 통치를 찬양함
  97편 : 악인은 수치를 의인은 기뻐함을
  98편 : 구원하심을 찬양
  99편 : 심판하시나 용서하시는 하나님
■ 감사와 찬송 (100~106)
  100편 : 하나님의 통치를 찬양
  102편 : 민족적 수난에서 회복시키심
  103편 : 베푸신 은혜를 찬양함
  104편 : 악인들을 제거할 것을 간구함
  105편 : 역사를 이끄신 하나님을 찬양함.

내 영혼아 여호와께 감사하라
내 영혼아 왕이신 여호와를 송축하라

**묵상시**

누가 하늘을 만들었느뇨
누가 바다를 만들었느뇨
누가 사람을 만드시고
생육하고 번성하라 하셨느뇨
하나님은 천지만물의 창조주시요
만왕의 왕이시도다

사람을 만드신 하나님이
마음과 생각을 감찰하시며
육과 영혼을 바라보시나니
하나님은 심판과 구원의 주인이시라

허망한 인생들아
피난처이신 하나님께 은총을 구하라
민족들아
역사를 주관하시는 하나님을 찬양하라
모든 민족아
영과 진리로 하나님을 찬양하라

# 시편 107~119장

오늘의 키워드는 **"찬송"**입니다.

107편 : 포로에서 고통 받던 백성이 고국으로 돌아와 하나님의 은혜에 감사하는 찬양입니다.

108편 : 이스라엘을 적들의 공격으로부터 보호해주실 것을 믿는 간구와 찬양입니다.

110편 : 영원한 대제사장이신 메시야가 죄악을 멸하시고 다스리실 것을 예언합니다.

111~114편 : 역사 속에서 이끄시고 보호하시는 하나님을 찬양합니다.

115편 : 하나님의 전능하심과 우상들의 무능함을 비교하여 하나님을 의지하는 자에게 임할 복을 말씀하십니다.

117편 : 모든 나라에 복음을 전하며 모든 나라가 하나님을 찬양해야함

118편 : 건축자의 버린 돌과 같은 자신을 구원하시 하나님을 찬양

119편 : 청년이 무엇으로 그의 행실을 깨끗하게 하리이까

주의 말씀은 내 발에 등이요 내 길에 빛이니이다. 아멘. 주의 말씀을 따르기로 다짐하는 시인의 고백과 찬송이 나의 고백과 찬송되기를 소망합니다.

**묵상시**

여호와께 감사하라

그는 선하시며

인자하심이 영원함이로다

여호와께서 포로된 백성을 속량하시사

자유케 하셨으니

여호와의 사랑하심을 감사하리라

여호와를 찬양하라

내가 주의 법도를 잊지 아니하오니

주께서 나를 살리심이라

내가 종일 주의 법도를 읊조리며

악한 길로 가지 아니하였으니

내가 여호와를 찬양하리라

여호와를 찬양하라

주의 말씀이 내게 어찌 그리 단지요

내 입의 꿀보다 더 다나이다

주의 말씀은 내 발에 등이요

내 길에 빛이시니

내가 여호와를 찬양하리라

아멘

# 시편 120~134장

오늘의 키워드는 **"구원의 노래"**입니다.

포로의 삶을 살고 있던 백성이 이방인으로부터의 환란과 악담으로부터 시달리고 있을 때 그들이 부르는 노래는 구원의 간절함입니다. 눈물을 흘리며 씨를 뿌리는 자는 기쁨으로 거두리로다 울며 씨를 뿌리러 나가는 자는 반드시 기쁨으로 그 곡식 단을 가지고 돌아오리라.

성전을 향하여 걸어가며 부르는 백성의 노래는 구원의 확신에 찬 성숙된 모습입니다. 내가 산을 향하여 눈을 들리라 나의 도움이 어디서 올까 나의 도움은 천지를 지으신 여호와에게서로다. 낮의 해가 너를 상하게 하지 아니하며 밤의 달도 너를 해치지 아니하리로다.

127편의 솔로몬의 고백은 인간의 지식과 힘으로 아무리 노력할지라도 여호와께서 함께하지 않으시면 모든 것이 허사인 것을 발견한 솔로몬의 고백입니다. 여호와께서 세우지 아니하시면 세우는 자의 수고가 헛되며 여호와께서 지키지 아니하시면 파수꾼의 깨어있음이 헛되도다.

**묵상시**

내가 산을 향하여 눈을 들리라
나의 도움이 어디서 올까
나의 도움은 천지를 지으신
여호와에게서로다

이스라엘을 지키시는 여호와는
졸지도 아니하시고
주무시지도 아니하시나니
여호와께서 내 그늘이 되심이라

낮의 해가 나를 상하게 하지 않으며
밤의 달도 나를 해치지 아니하며
여호와께서 나를 지켜
모든 환난을 면케하시며
내 영혼을 지키시는도다
아멘

# 시편 135~150장

오늘의 키워드는 **"할렐루야"**입니다.

바벨론의 포로에서 돌아오게 하시고 골리앗의 위험에서 구하시고 많은 대적들에게서 구원하심을 경험한 다윗은 지금까지 구원해주시고 인도해주신 전능하신 하나님을 찬양합니다. 왕이신 나의 하나님이여 내가 주를 높이고 영원히 주의 이름을 송축하리이다.

인생의 고비마다 하나님의 인도하심을 경험한 시인은 146~150편에서 할렐루야를 외침으로 신앙 고백과 감사의 극치를 장식합니다.

이는 인생의 의지할 대상이 하나님이시요 모든 피조물로부터 영광 받으실 분이 하나님이심의 표현입니다.

할렐루야 그의 성소에서 하나님을 찬양합니다. 그의 권능의 궁창에서 찬양하며 그의 능하신 행동을 찬양하며 그의 지극히 위대하심을 찬양합니다.

비파야 수금아 찬양하라. 큰 소리 나는 제금으로 찬양하라. 호흡이 있는 자마다 여호와를 찬양하라 할렐루야

할렐루야
그의 성소에서 하나님을 찬양하며
그의 권능의 궁창에서 그를 찬양할지어다

그의 능하신 행동을 찬양하며
지극히 위대하심을 찬양할지어다

나팔로 찬양하며
소고치며 춤추며 찬양할지어다

소고치며 춤 추어 찬양하며
비파와 수금으로 찬양할지어다
큰 소리 나는 제금으로 찬양하며
높은 소리 나는 제금으로 찬양할지어다
아멘

호흡이 있는 자마다
여호와를 찬양할지어다 할렐루야

# 잠언 1~9장

오늘의 키워드는 **"지혜의 목적"**입니다.

잠언은 지혜와 훈계를 알게 하여 명철의 말씀을 깨닫게 하며, 지혜·공의·정의를 정직하게 행할 일을 배워서 어리석은 자를 슬기롭게 하며 젊은 자를 옳게 세우기 위함입니다.

2장 : 지혜는 하나님을 알게 함
3장 : 명철을 의지하지 말고 하나님을 의지하라
4장 : 지혜는 그리스도– 그를 높이면 그가 너를 높이고 그를 품으면 그가 너를 영화롭게 하리라
5장 : 순결을 말함 – 너는 네 우물물을 마시라
6장 : 여러 교훈들 – 아비의 명령을 지키며 어미의 법을 떠나지 마라
7장 : 음녀를 경계함 – 소가 도수장으로 가는 것 같음
8장 : 지혜와 명철을 찬양 – 여호와를 경외하는 것이 악을 미워하는 것임
9장 : 여호와를 경외함이 지혜의 근본이요 그분의 뜻을 받들어 생활하는 것이 지혜 목적입니다.

### 묵상시

세상의 지식인이 있어
윤리와 과학과 철학을 말하지만
3차원의 벽을 넘지 못하는도다

신은 죽었다고 울부짖었던
니이체는 죽었고
하나님은 지금도 살아계신다

천지를 창조하신 분이
인간의 육과 영혼을 만드시고
지금도 다스리고 계시나니

여호와를 아는 것이 지혜의 근본이요
그분의 뜻을 받들어 생활하는 것이
지혜의 목적이로다

# 잠언 10~15장

오늘의 키워드는 **"권면"**입니다.

지혜의 가치를 의인과 악인의 대조를 통해 표현한 기법입니다.

*지혜로운 아들은 아비를 기쁘게 하나 / 미련한 아들은 어미의 근심이요.

*불의의 재물은 무익하여도 / 공의는 죽음에서 건지느니라.

*속이는 저울은 여호와께서 미워하시나 / 공평한 추는 그가 기뻐하시느니라.

*악인의 입으로 그의 이웃을 망하게 하여도 / 의인은 그의 지식으로 말미암아 구원을 얻느니라.

*거짓 입술은 여호와께 미움을 받아도 / 진실하게 행하는 자는 그의 기뻐하심을 받느니라.

*입을 지키는 자는 자기의 생명을 보전하나 / 입술을 크게 벌리는 자에게는 멸망이 오느니라.

*공의는 행실이 정직한 자를 보호하고 / 악은 죄인을 패망하게 하느니라.

잠언의 교훈은 선·악의 대조와 영적·육적 가치의 비교를 통한 성도가 행할 올바름의 길을 권면합니다.

## 묵상시

부지런한 자의 손은 사람을 다스려도
게으른 자는 부림을 받으며
입을 지키는 자는 생명을 보전하나
입술을 크게 벌리는 자는 멸망하느니라

분을 쉽게 내는 자는 다툼을 일으켜도
노하기를 더디하면 시비를 그치며
악을 떠나는 것은 정직한 사람의 대로요
자기 길을 지키면 영혼을 보전하느니라

지혜로운 아들은 아비의 훈계를 들으나
거만한 자는 꾸지람을 듣지 아니하나니
마땅히 행할 길을 아이에게 가르치라
그러면 늙어도 그것을 떠나지 아니하리라

도가니는 은을,
풀무는 금을 연단하거니와
여호와는 마음을 연단하시느니라
여호와의 이름은 거룩한 망대이니
의인은 그리로 달려가서 안전함을 얻으리라

# 잠언 16~24장

오늘의 키워드는 **"여호와께 맡기라"**입니다.

묵상시

사람이 일을 행할 때 참고해야 할 것들 중 대구법을 활용한 비슷한 내용의 명언의 기록입니다.

*마음의 경영은 사람에게 있어도, 말의 응답은 여호와께로부터 나오느니라.

*사람이 마음으로 자기의 길을 계획할 지라도, 그의 걸음을 인도하시는 이는 여호와시니라.

*교만은 패망의 선봉이요, 거만함은 넘어짐의 앞잡이니라.

*노하기를 더디 하는 자는 용사보다 낫고, 자기의 마음을 다스리는 자는 성을 빼앗는 자보다 나으니라.

*사람의 마음에는 많은 계획이 있어도, 오직 여호와의 뜻만이 완전히 서리라.

*사람의 영혼은 여호와의 등불이라, 사람의 깊은 속을 살피느니라.

*마땅히 행할 길을 아이에게 가르치라, 그리하면 늙어도 그것을 떠나지 아니하리라.

두세 구절을 합하여 하나의 잠언을 이루고 있으며 많은 잠언의 중심에는 모든 행사를 여호와께 맡기라는 것입니다.

마음의 경영은 사람에게 있어도
말의 응답은 여호와께 있나니
너는 마음을 다하고 성품을 다하여
주 너의 하나님을 의지하라

무엇이 옳은지 판단하기 어려우나
그 행사를 여호와께 맡기라
제비는 사람이 뽑을 지라도
여호와께서 모든 일을 작정하시는도다

사람의 행위가 정직해 보이나
여호와는 마음을 감찰하시나니
여호와의 등불을 받아들이는 자
그 마음에 생명의 불 밝히는도다

# 잠언 25~31장

오늘의 키워드는 **"잠언"**입니다.

■ 솔로몬의 잠언 (25~29장)

25장 : 왕 앞에서 신하의 자세와 이웃 관계

26장 : 미련한 자와 게으른 자에 대해

27장 : 책망과 유익의 필요성에 대해

28장 : 의인의 길에 대해

29장 : 공의로운 통치에 대해

■ 아굴의 잠언 (30장)

지혜도 지식도 부족한 무식한 자 이나 자연 현상을 들어서 인생의 이치를 깨닫고 하나님의 말씀을 따르는 것이 인생 최고의 가치임을 가르침

■ 르무엘 왕 어머니의 잠언 (31장)

현숙한 여인은 선을 행하며 부지런하며 여호와를 경외하는 자입니다. 이런 자를 얻음은 진주를 얻음보다 귀한 것이요.

잠언의 핵심은 하나님을 경외하는 것입니다. 용광로에서 찌꺼기를 제하여 순도 높은 은을 만들 듯 신앙의 순수함을 추구하는 것입니다. 잠언을 만든 자는 신앙의 순수함을 지키지 못하였으나 하나님의 지혜와 의로움을 받아들이고 실천하는 자는 잠언의 주인이 됩니다.

### 묵상시

마음을 제어하지 않는 자는
곤고하여 성벽이 훼파됨 같고
기둥이 무너짐 같도다

은에서 찌꺼기를 제거하면
장색의 쓸만한 그릇이 나오고
불순종의 속성을 제거하면
아름다운 순종만 남는도다

채찍과 꾸지람이 지혜를 주거니와
묵시가 없으면 백성은 방자하나
율법을 지키는 백성은 복이 있도다

고운 꽃도 무성한 나무도 시들지만
오직 여호와의 말씀은 영원하나니
여호와를 경외함이 무엇보다 귀하도다

# 전도서 1~6장

오늘의 키워드는 **"헛됨"**입니다.

인생사 부귀영화의 정점에 올랐던 솔로몬의 인생 말년 고백입니다. 해 아래 펼쳐지는 모든 인생에게 하나님 없는 삶은 공중에 떠있는 비눗방울과 같이 헛되며 모든 존재가 헛되다는 고백을 합니다.

쾌락을 추구하는 자는 쾌락으로 만족하지 못하고, 은을 사랑하는 자는 은으로 만족하지 못하고, 풍요를 사랑하는 자는 소득으로 만족하지 못합니다. 그러한 자의 인생 주머니는 그 무엇으로도 채우지 못하는 허무의 항아리입니다. 하나님을 인정하고 경건하게 사는 것이 인생의 진정한 만족을 누리는 비결입니다

노동자는 먹는 것이 많든지 적든지 잠을 달게 자거니와 부자는 그 부요함 때문에 자지 못하는 것처럼, 적게 소유한 자는 걱정할 것이 적고 많이 소유한 자는 걱정할 것이 많음을 나타냅니다. 인생의 참된 행복은 소유의 많고 적음이 아니요. 하나님이 주시는 기쁨에서 나오는 것을 고백합니다. 얼마나 하나님과 교통이 이루어지냐에 따라서 행복의 수치가 달라집니다.

## 묵상시

물질을 탐하는 자
물질로 만족하지 못하고
쾌락을 탐하는 자
쾌락으로 만족하지 못하나니
하나님 없는 생활은
공중에 떠있는 비누방울과 같도다

풀이 잘 자라도
열매가 없으면 소용 없고
새가 아름다워도
날지 못하면 소용 없나니
본래의 뜻대로 살지 못하는 자
비추지 못하는 거울과 같도다

종이 열심히 일을 하여도
주인의 뜻에 어긋나면 소용 없고
선수가 종일 뛰어도
규칙을 벗어나면 소용 없나니
천국문을 통과하려는 자
구원의 티켓 없으면 허사로다.

# 전도서 7~12장

오늘의 키워드는 **"지혜의 가치"**입니다.

묵상시

허무를 깨달은 자의 고백은 인생의 가치를 더욱 돋보이게 만듭니다. 초상집에 가는 것이 잔칫집에 가는 것보다 나음은 인생의 끝을 아는 자요. 지혜자의 책망을 듣는 것이 우매자의 노래를 듣는 것보다 나음이니 우매자의 웃음소리는 아궁이에서 가시나무가 타는 소리 같이 탐욕과 분노와 불평으로 어리석기 때문입니다. 지혜의 책망은 듣기 싫어도 몸에 보약이요. 우매자의 노래는 듣기 좋아도 영혼을 갉아먹기 때문입니다.

탐욕이 지혜자를 우매하게 하고 뇌물이 사람의 명철을 상하게 합니다. 그러나 지혜는 유산 같이 아름답고 햇빛을 보는 자에게 유익이 됩니다. 죄인이 악을 행하고도 일시적으로 잘 될 수 있으나 결국은 망할 것이요. 하나님을 경외하는 자는 흥왕하게 되나니 이는 종말론적 신앙에 근거함이요. 육신의 잘됨보다는 영혼의 잘됨을 의미합니다.

쾌락을 추구하는 자는 쾌락으로 만족하지 못하고, 은을 사랑하는 자는 은으로 만족하지 못합니다. 인생의 주머니는 그 무엇으로도 채우지 못하는 허무함이 있으나 하나님을 인정하고 경건하게 사는 자는 진정한 만족을 누립니다.

잔칫집에 가는 것보다
초상집에 가라 함은
인생의 가치를 깨달으라 함이요

쾌락을 추구하는 것보다
절제를 추구하라 함은
인생의 방향을 깨달으라 함이요

탐욕을 추구하는 것보다
지혜를 추구하라 함은
하나님의 뜻을 살피라 함이네

# 아가서 1~8장

오늘의 키워드는 **"사랑의 노래"**입니다.

솔로몬과 술람미 여인의 이야기는 하나님과 백성간의 이야기요, 예수 그리스도와 교회와의 이야기로 봅니다.

1장 : 품 속의 몰약 향주머니요 포도원의 고멜화 송으로 표현함은 하나님이 자녀를 얼마나 소중히 여기시는지 알 수 있고

2장 : 꽃이 피고 비둘기 소리 들리는 동산을 거니는 것은 하나님이 우리에게 땅을 다스리며 생육하고 번성하라는 것이며

3장 : 그리움은 결혼 행렬로 이어지며

4장 : 아름다움의 칭송은 사랑의 극치로 표현되며

5장 : 결혼 생활의 시련을 지나

6,7장 : 아름다운 순결의 노래와 사랑의 극치이며

8장 : 사랑이 아름다운 결실을 맺습니다.

연인은 언제라도 깨질 수 있지만 오누이는 깨질 수 없는 혈연관계입니다. 연인에게 시련이 왔으나 서로는 간절한 사랑으로 극복하며 오누이의 관계로 표현되고 있습니다. 하나님과 백성(교회)의 관계도 마찬가지입니다.

**묵상시**

아름다운 꽃들이 가득하지만
솔로몬은 햇볕에 그을린
술람미 여인을 택하였네

주님이 나를 택하심은
그다지 화려하지 못해도
꾸밈 없이 달려가는 마음 때문에

안개에 젖고 태양에 그을리며
세파에 얼룩져있지만
주님은 나를 위해 달려 오셨네

광야의 외치는 소리가 들리고
신부를 위한 결혼 행렬 앞에서
나는 사랑을 노래를 부르네

# 이사야 1~12장

오늘의 키워드는 **"이스라엘 심판"**입니다.

하나님은 이사야를 통하여 말씀하십니다. 이스라엘을 자식으로 키웠거늘 그들이 하나님을 배반하였도다. 극상품 포도나무를 심었으나 최악의 들포도를 맺었으니, 이스라엘이 이방 나라들로부터 공격당함은 너희를 돌이키려는 하나님의 '심판'이도다.

7장부터는 유다왕 아하스에 관한 내용입니다. 이스라엘과 아람 연합군이 쳐들어오나 그들은 멸망할 것이니 두려워하지 말고 하나님을 의지하여라. 그러나 아하스는 하나님을 의지하지 않고 앗수르를 의지하였기에 유다는 앗수르의 공격을 받을 것이니 이것은 유다를 돌이키려는 하나님의 '심판'이도다.

하나님은 '심판'의 도구로 사용된 앗수르가 교만하고 포악함으로 하나님은 그들을 멸망시킬 것을 말씀하십니다. 많은 백성 중에 하나님을 진실 되게 의지하는 자들을 구원하실 것이며, 예수 그리스도께서 다스리시는 정직과 공의의 세상이 도래할 것을 말씀하십니다.

**묵상시**

사랑하는 자를 위하여 노래하되
포도원을 노래하며
사랑하는 자를 위하여 나무를 심되
극상품 포도나무를 심었는데
좋은 열매 맺지 아니하고
들포도를 맺었도다

농부의 수고가 헛되며
농부의 희망이 사라졌는가
농부가 포도나무를 제거함이
나무를 불꽃에 던짐 같으리니
절망의 이스라엘아 돌이키라

그루터기에서 새싹이 돋음 같이
예수 그리스도의 새날이 오리니
사랑하는 자를 위하여 부르는
노래를 듣고
주님께로 돌아오라
소망없는 악한 열매 다 버리고
의의 열매 맺어 주인께 드리어라

# 이사야 13~27장

오늘의 키워드는 **"이방 나라 심판"**입니다.

■ 하나님의 '심판'은 모든 나라에 적용됨

　13장 : 바벨론은 교만 때문

　14장 : 앗수르와 블레셋은 죄악 때문

　15,16장 : 모압은 우상을 섬기며 이스라엘
　　　　　을 괴롭혔기 때문

　17장 : 다메섹과 북 이스라엘의 멸망

　21장 : 바벨론의 멸망, 두마와 아라비아에
　　　　　경고,

　22,23장 : 유다와 두로와 시돈의 멸망

　24장 : 세상 모든 죄악 세력에 대한 심판

■ 하나님의 '구원'은 모든 나라에 적용됨

　18,19장 : 구스와 애굽의 믿는 자의 구원

　25~27장 : 택한 백성이 거할 메시야 왕국
　　　　　을 보여주십니다.

　하나님은 모든 나라의 통치자요 포도원 주인이십니다. 주인은 나무가 잘 자라며 좋은 열매 맺도록 보살피시고 나쁜 나무는 뽑아내십니다. 하나님의 심판은 구원하심이 목적입니다.

　모든 나라 모든 족속이 돌아오기를 기다리십니다.

**묵상시**

열매 맺느라 진액이 빠진 포도나무야

자신의 배만 채우는

살찐 나무가 부러우냐

이빨을 드리우며 우쭐대는

가시나무가 부러우냐


포도원 주인이 나무들을 베어내리니

두로와 시돈은 풍요로우나

심판을 받을 것이요

앗수르와 바벨론은 힘을 자랑하나

심판을 받을 것이요

모압은 우상을 섬기니

심판을 받을 것이라


오직 하나님 앞에서

견고한 진을 파하는 강한 능력으로

모든 이론을 파하며 대적하는

모든 것을 파하고

모든 생각을 사로잡아

그리스도께 복종케 하리라.

# 이사야 28~35장

오늘의 키워드는 **"참된 도움"**입니다.

■ 유다가 심판 받음은 애굽을 의지하기 때문입
니다.(28~31장)
화 있을진저, 교만한 면류관이여
화 있을진저, 계획을 숨기는 자들이여
화 있을진저, 패역한 자식들이여
화 있을진저, 애굽을 의지하는 자들이여

■ 백성의 구원하심이 애굽이 아닌 여호와께 있
음을 말합니다.(32~35장)
한 왕이 공의로 통치할 것이요
여호와께서 우리를 구원할 자이시라
친족을 괴롭힌 에돔에 대한 심판하시고
여호와의 속량함을 받은 자들이 돌아오면
시온에서 즐거움을 얻으리라

   밀려오는 위협 앞에서 보이는 현상만 의지하
는 자는 하나님이 이끄시는 역사의 흐름을 보지
못하는 영적 맹인입니다.
   주의 말씀은 내 발에 등이요 내 길에 빛이 되
십니다. 주의 말씀이 가는 곳 까지 걸어가고 주
의 말씀이 멈추라 하는 곳에서 멈추는 자는 진정
하나님이 주시는 '참된 도움'을 얻는 자입니다.

풍요를 좋아했던 롯은
그의 길이 행복했더냐
쾌락이 좋아 떠났던 탕자는
그의 인생이 즐거웠더냐

세상도
친구도
바람이 불면 흔들리고
광풍이 불면 배신하고 떠나나니
영원한 친구는 하나도 없도다

주님은
자신의 몸을 내놓기까지
죽음으로 우리를 사랑하시나니
길이요
진리요
생명이신 주님만이
내 인생의 '참된 도움'이십니다

# 이사야 36~39장

오늘의 키워드는 **"히스기야의 기도"**입니다.

앗수르의 침략으로 인하여 위기에 처한 히스기야는 자기의 옷을 찢고 굵은 베 옷을 입고 여호와의 전에서 간절한 기도를 드립니다. 하나님은 히스기야의 기도를 들으시고 앗수르를 치셨으니 하룻밤 사이에 십팔만 오천 명의 군사가 죽임 당합니다. 또한 오만방자한 앗수르의 산헤립 왕은 고국으로 돌아간 후 그의 자식들에게 죽임 당합니다.

히스기야가 병들어 죽게 되었을 때 그의 간절한 기도를 들으신 하나님은 생명을 십오 년 연장시키셨고 그 징표로 해의 그림자를 십 도 뒤로 물립니다.

그러나 히스기야는 바벨론의 사자 앞에서 하나님의 도우심과 영광을 드러내기 보다는 왕궁의 모든 보물을 보여 주며 자랑하는 잘못을 저지릅니다. 하나님은 그의 후대에 바벨론의 포로로 끌려갈 것을 말씀하십니다.

하나님은 자신의 연약함을 드러내며 기도하는 자를 돌보시며 자신의 의를 드러내는 자는 배척하십니다. 내 능력이 약한 데서 온전하여짐을 깨닫게 하십니다.

묵상시

랍사게의 협박에 쩔쩔매는 히스기야
두려움에 떨며
옷을 찢고 굵은 베 옷을 입고
여호와의 전에 엎드리어 기도하네

오늘은 환난과 책벌과 능욕의 날이요
아이를 낳으려니 해산할 힘이 없사오니
여호와여 도우시사
천하만국이 주만이 여호와인줄
알게 하옵소서

그 날에 앗수르 군사는
십팔만 오천명이 죽임 당하고
산헤립은 아들에게 죽임당하고
병들어 죽게된 히스기야는 기도하여
여호와께서 그의 생명을
15년 연장시키셨네

# 이사야 40~48장

오늘의 키워드는 **"희망"**입니다.

지금부터는 회복을 말씀하십니다.

우주의 주인되시는 하나님께서 바사(페르시야) 왕 **고레스**를 세워 바벨론의 포로된 이스라엘을 해방시키시는 내용입니다.

예수 그리스도의 오실 때 하나님의 백성은 죄악에 대한 승리를 거둘것이며 그리스도를 통한 구원의 약속으로 "보라 내가 새 일을 행하리니 광야에 길을 사막에 강을 내리라"는 회복을 말씀하십니다.

우상에 대한 질책을 말씀하십니다. 주물에 쇳물을 부어 만들고 그 위에 금칠을 하거나 또는 나무를 깎아 몸통은 형체를 만들고 나머지는 잘라 땔감으로 쓰면서 그것들을 신이라 명하고 절하는 무지한 행위를 지적하십니다.

천지를 창조하신 하나님께서 자신이 만드신 백성이 옳은 신앙 갖기를 원하십니다. 그 백성이 우상을 섬기며 하나님을 멀리할 때 징계를 내리시지만 회개하고 돌아오면 회복시키시니 하나님이 원하시는 뜻은 만백성이 하나님의 뜻 안에 거하는 것입니다.

## 묵상시

적군이 앞길을 막으며
죽음이 앞길을 막을 때
어찌하여야 하리요
오직 하나님만 바라보리라

세상 유혹이 나를 누르고
삶의 무게가 나를 누를 때
어찌하여야 하리요
오직 하나님만 바라보리라

나의 힘으로 어찌할 수 없으나
하나님은 가능하시니
여호와의 구원하심이
광야에 길을, 사막에 강을 내리라

# 이사야 49~57장

### 오늘의 키워드는 "구원자 예수 그리스도"입니다.

이스라엘 백성의 고난은 우상을 섬겼기 때문입니다. 출애굽 이후 금송아지를 만들던 옛 습성이 사라지지 않고 죄악의 노예가 된 그들을 이방 족속의 포로가 되게 하심은, 그들이 다시 하나님께 부르짖게 하기 위함입니다.

하나님은 회개하고 부르짖는 그들을 외면하지 않으십니다. 첫 사람 아담이 뿌려놓은 죄악의 씨앗을 제거하기 위하여 둘째 사람 예수 그리스도를 보내어 구원의 길을 열어주셨습니다. 이것은 창조의 목적을 실현시키는 하나님의 선교요 미션입니다.

여인이 젖 먹는 자식을 잊지 않음 같이, 자기 태에서 난 아들을 긍휼히 여김 같이, 하나님은 자신이 만든 백성을 사랑하십니다. 그리고 독생자 예수 그리스도를 보내시어 인류 구원의 길을 열어주셨습니다.

그가 찔림은 우리의 허물 때문이요 그가 상함은 우리의 죄악 때문이라. 그가 징계를 받으므로 우리가 평화를 누리고 그가 채찍에 맞음으로 우리가 나음을 받았도다.

## 묵상시

쾌락이 좋아 집 떠났던 탕자
가진 것 모두 탕진하고
쥐엄 열매로 배 채우며
인생을 낭비하고 있느냐
아버지 집에 가면 해결되는데

사상이 좋아 길 떠난 친구야
젊은 날 모두 소비하고
잡학으로 배 채우며
인생을 낭비하고 있느냐
성경 말씀이면 해결되는데

세상이 좋아 주님을 떠난 백성아
받은 계명 모두 던져버리고
우상으로 배 채우며
죽음의 길을 걸어가느냐
주님 안에 생명이 있는데

# 이사야 58~66장

오늘의 키워드는 **"아름다운 소식"**입니다.

일어나라 빛을 발하라 이는 네 빛이 이르렀고 여호와의 영광이 네 위에 임하였음이라. 나라들은 네 빛으로 왕들은 비치는 네 광명으로 나아오리라.

우리는 진흙이요 주는 토기장이시니 우리는 다 주의 손으로 지으신 것이니이다라고 고백하는 자들에게 여호와께서 응답하시리니

그 날에는 모든 것이 풍요할 것이라. 이리와 어린 양이 함께 먹을 것이요, 사자가 소처럼 짚을 먹을 것이요, 뱀은 흙을 양식으로 삼을 것이라. 나의 성산에서는 해함도 없겠고 상함도 없으리라.

때가 이르면 뭇나라와 언어가 다른 민족은 모으리니 그들이 여호와의 영광을 볼 것이요, 내가 지을 새 하늘과 새 땅이 내 앞에 항상 있는 것 같이 너희 자손과 너희 이름이 항상 있으리라 여호와의 말이니라.

### 묵상시

크게 외치라
백성이 죄악을 자백할 때까지
나팔 소리 크게 외치라
일어나라
회개하는 자들아
여호와의 영광이 네게 임하였나니
어둠이 땅을 덮고 만민을 덮으나
여호와의 영광이 네 위에 나타나리라

너는 기뻐하라
주는 토기장이요
우리는 다 주의 손으로 지음 받았도다
여호와께서
새 하늘과 새 땅을 창조하시나니
예루살렘을 사랑하는 자들아
그 성읍과 함께 기뻐하라

# 예레미야 1~12장

오늘의 키워드는 **"타락한 백성"**입니다.

유다의 마지막 40년 동안 활동했던 예레미야는 유다의 멸망과 바벨론이 포로로 끌려갈 것을 말합니다.

1~3장 : 백성의 죄악은 생수의 근원(여호와)을 버린 것과 웅덩이(우상)를 판것입니다. 그들을 발정기에 억제하지 못하는 들암나귀로 묘사합니다.

4~6장 : 회개하지 않으면 북방에서 대적을 일으켜 예루살렘을 쳐서 멸절시킬 계획을 세우십니다.

7~10장 : 이웃을 핍박하고 우상 섬기는 악행에 대해 지적합니다.

11~13장 : 백성의 죄악으로 인하여 가나안 땅을 주신다는 언약(계약)을 파기하십니다.

어리석고 지각이 없으며 눈이 있어도 보지 못하며 귀가 있어도 듣지 못하는 '타락한 백성'이여 들을지어다. 회복과 구원을 위해 심판을 말씀하시는 주님의 마음을 깨닫고 돌아올지어다.

## 묵상시

자신의 집을 버리고
세상을 즐거워하는 자는
생수의 근원을 버리고
웅덩이를 파는 것 같습니다

하나님 말씀을 버리고
철학과 논리로 배를 채우는 자는
영혼의 갈증에 허덕이며
지옥의 문을 두드림과 같습니다

하나님 없이 행하는 모든 것
교만이요 타락이요 슬픔이니
스스로 건축하는 모든 일
뿌리없이 성장한 이데올로기입니다

# 예레미야 13~20장

오늘의 키워드는 **"경고"**입니다.

묵상시

죄악을 버리지 못하는 백성에 대한 형벌이 임박했도다.

가죽 부대에 가득한 포도주는 복이 아니라 서로 상하게 하는 독이 됨이요. 유다는 가뭄과 기근으로 인하여 환난을 당하리라. 그들이 금식할지라도 여호와께서 듣지 아니하시며 번제를 드릴지라도 받지 아니하며 칼과 전염병으로 멸하실 것을 말씀하셨으니 이는 유다 왕 므낫세의 죄악으로 말미암음이라.

그런 중에도 하나님은 고난 받는 백성에 대한 회복과 포로 귀환을 말씀하시니 이것이 하나님의 사랑입니다. 예레미야의 기도는 "여호와는 나의 힘ㆍ나의 요새ㆍ환난 날의 피난처"시라고 고백합니다. 물가에 심어진 나무가 더위를 두려워하지 아니함 같이 백성에게 여호와만 의지할 것을 당부합니다. 깨진 용기의 비유는 유다에 임할 심판의 불가피성입니다. 불러도 불러도 돌아오지 않는 백성에 대한 경고는 힌놈의 아들의 골짜기를 멸하는 것과 같은 심판입니다.

세상의 법은
법을 어긴 자에게
곤장을 때리고
재산을 몰수하고
가두고 죽이며
잘못의 대가를 치르게 한다

하나님의 법은
계명을 어긴 자에게
대가를 치르게도 하지만
고난을 통하여
회개하고
하나님께 돌아오게 하신다

사랑아
하나님이 독생자를 보내시어
우리를 대신 죽게 하셨나니
하나님이 내리시는 '경고'는
인간의 죽음이 목적이 아니요
인간의 구원이 목적이다

# 예레미야 21~25장

오늘의 키워드는 **"형벌"**입니다.

하나님은 백성의 죄악에 대한 책임을 지도자들에게 물으십니다(21~25장).

바벨론에게 항복하면 살고 대항하면 죽는 다고 말씀하십니다. 그 내용을 받아들이지 않는 왕들은 바벨론으로 끌려가며 망가질 것입니다. 포로 됨의 경고는 회개가 목적인데 듣지 않는 시드기야와 고관들에 대하여는 심판 받을 것을 말씀하십니다.

결국 순종하지 않는 백성에 대해 바벨론에 의해 칠십 년 간의 포로 생활을 할 것이며, 그 고난의 생활을 마친 후에 돌아올 것이며, 그 후에는 바벨론과 모든 나라에 임할 심판을 말씀하십니다.

아담의 행위가 인류의 대표로서 책임 있는 것처럼 지도자의 역할도 마찬가지입니다. 잘못된 판단과 결과에 대한 책임이 자신에게 있으나 그 결과는 백성에게로 돌아갑니다.

묵상시

너희가 우상을 섬기느냐
너희를 우상 속으로 내어주리라
발정한 들나귀같이 음행하는 자들아
음행의 가시밭에 던져 넣으리라

너희가 죄에 물들었느냐
너희를 바벨론 풀무에 던지리니
너희 죄악을 물에 씻고
여호와 하나님을 바라보라

칠십년의 형벌을 받는 자여
마음 속의 불신을 걷어내고
새 하늘과 새 땅 가득하도록
여호와 하나님을 찬송하라

16주

# 93

수요일

# 예레미야 26~33장

오늘의 키워드는 **"권고"**입니다.

■ 유다의 멸망과 70년의 포로생활에 대한 예레미야의 예언이 거짓 선지자들의 예언과 충돌합니다. 하나님의 뜻은 유다가 바벨론의 포로가 되는 것이니 그 뜻에 순복하라는 것입니다.

■ 모세에게 주신 율법은 성민법입니다. 주님이 십자가에서 죽으심으로 율법을 완성하셨으니 이것이 렘31장의 새 언약이요 구약과 신약의 신학을 연결하는 디딤돌입니다. 롬7장은 죽음의 율법이요, 롬8장은 생명의 성령의 법이니 하나님은 우리에게 믿음으로 의롭다 칭함을 주십니다.

■ 바벨론 군대가 예루살렘을 에워싸는 상황에서 유다의 함락을 예언한 예레미야는 시위대의 뜰에 갇혀있습니다.

이 때 여호와께서 예레미야에게 말씀하십니다. "너는 내게 부르짖으라 내가 네게 응답하겠고 네가 알지 못하는 크고 은밀한 일을 네게 보이리라."

이는 유다의 회복과 더 나아가 하나님 나라의 회복인 것을 생각할 수 있습니다.

묵상시

물이 깊어 못건너는 자
디딤돌을 딛으면
강을 건너는 것처럼

율법에 빠져 헤매는 자
그리스도를 붙들면
살 길이 열리는도다

하나님께서 새 언약으로(렘31:31)
구약에 갇힌 자를
신약으로 올려주셨으니

그리스도 예수 안에 있는 자는
결코 정죄함이 없으며
생명의 성령의 법이 죄와 사망에서
구원하였음이라

# 예레미야 34~45장

오늘의 키워드는 **"함락"**입니다.

■ 시드기야 왕이 하나님 앞에서 계약을 맺고 동족에게 자유를 선포한 후에 노비들을 해방시켰습니다. 그러나 마음이 변하여 놓아주었던 노비를 다시 끌어다가 복종시킵니다.

이에 예레미야는 유다의 멸망이 동족을 노비로 삼는 것 때문이요 언약을 파기함에서 비롯된 것을 알립니다.(34~36)

■ 하나님의 명령을 끝까지 불복종하는 시드기야는 예루살렘 성의 함락을 경험하며 그의 아들들은 비참한 최후를 맞이합니다.(37~39)

■ 애굽을 의지하지 말고 하나님을 의지하라는 명령입니다.(40~45)

유다의 70년의 포로생활과 바벨론을 침략자로 사용하심은 '심판의 실현'입니다. 그러나 하나님은 부르짖는 백성에게 '회복'을 보여주시니 성도가 기도하는 것은 의무요, 구원은 하나님이 주시는 은총입니다.

**묵상시**

주인과 맺은 계약을 무시한
농부들
주인의 아들을 죽이고
농장을 빼앗으려 했으나
주인은 결국
그들을 진멸하였네

하나님 앞에서 계약 맺은 시드기야
동족에게 자유를 선포하고
노비를 해방시켰으나
다시 그들을 끌어다가 노비 삼았으니
계약을 파기한 시드기야는 결국
바벨론의 포로로 끌려갔네

하나님과 자녀 관계를 맺은 자마다
의롭게 살아야 하는데
죄악의 습성이 그리워
죄의 길을 더듬는 자
그들의 결국은 심판 뿐이로다

# 예레미야 46~52장

■46~49장 : 유다가 애굽을 의지하나 애굽은 바벨론에게 패망합니다. 하나님은 바벨론을 통해 블레셋 모압 암몬 에돔 등의 나라를 패망시키시는데 이는 하나님의 통치가 세계 만국에 미치는 것을 보여주십니다.

■50~51장 : 통치의 도구로 사용 되는 바벨론이 스스로 교만하여져서 이스라엘을 핍박합니다. 하나님은 그 대가로 바벨론을 바사에게 넘기십니다.

■52장 : 불순종한 시드기야는 죽임 당하고 예루살렘 성전은 약탈당하고 백성은 바벨론의 포로가 되어 끌려갑니다. 그러나 하나님은 여호야긴을 석방시킴으로 비탄에 젖은 이스라엘에게 희망을 불을 끄지 않고 미래를 밝혀주십니다.

유다의 포로 됨은 불순종의 대가입니다. '이방 나라의 심판' 또한 하나님을 대적하는 자들에 대한 징계입니다. 하나님은 온 백성의 하나님이요 천지만물의 주인입니다.

## 묵상시

홍해를 건넌 백성이
가나안 땅을 정복했음은
하나님이 도우셨기 때문이요
가장 작은 민족이
역사의 중심이 서있음은
하나님이 행하셨기 때문이라

어느 민족 누구라도
하나님을 믿으면 구원이요
하나님을 믿지 아니하는 자는
구원에 이르지 못하나니
그의 결국은 심판이라

하나님은 모든 민족을 사랑하시나니
언약에 뿌리 내린 자
구원에 이르는 나무로 자라나
자유의 열매를 맺음이라

# 예레미야애가 1~5장

오늘의 키워드는 **"슬픈 노래"**입니다.

- 1장 : 주께서 성을 치셨으니 청년들은 부수어지고 처녀의 딸 유다는 주께서 술틀에 밟으셨도다.
  비탄에 젖은 예레미야의 눈에서 눈물이 흘러내림이여, 탄식이여, 병든 마음이여...
- 2~4장 : 주께서 맹렬한 진노로 이스라엘의 모든 뿔을 자르고 불을 지르셨으니, 성곽과 성곽은 통곡하고 장로들은 굵은 베를 두르고 처녀들은 머리를 땅에 숙임이여...
  나의 살과 가죽이 쇠하였고 뼈들이 꺾였으니 채찍을 거두시고 나를 깊은 구덩이에서 건지소서
- 5장 : 여호와여 우리를 주께로 돌이키소서 그리하면 우리가 주께로 돌아가겠나이다.

조국이 바벨론에게 짓밟힌 처참한 현실 앞에서 기도하는 선지자의 눈물은 구원의 호소입니다. 민족분단과 세계 열강의 틈 속에 있는 나의 조국이 더이상 범죄하지 않고 회개함으로 하나님의 인도하심을 바라기를 소망하며 기도의 눈물을 흘립니다.

### 묵상시

소사슬에 묶인채
죽어가며 바벨론 천리길을
끌려갔던 민족이여
슬픈 노래를 불러라

수용소에 갇히어
죽어가며 짐승보다도 못하게
고통 속에 살아가는 북한 동포여
슬픈 노래를 불러라

세상이 험하고
어디 한 칸 누울 곳 없으나
안식처인 하늘 바라보며
슬픈 노래를 불러라

주님을 모르는 채
세상 놀음에 빠진 사람들아
주님의 사랑을 기다리며
슬픈 노래를 불러라

# 에스겔 1~11장

오늘의 키워드는 **"환상"**입니다.

에스겔이 바벨론의 포로 된 지 5년째에 하나님이 보여주신 환상입니다. 폭풍과 구름 속에서 나타나는 네 생물의 형상과 바퀴가 나타나는데 네 생물은 살아있는 것들을 대표함이요 바퀴들은 하나님의 행하심의 상징입니다.

하나님은 에스겔에게 두루마리를 먹고 이스라엘 족속에게 전하라 하십니다. 이것이 파수꾼의 사명이요 책임인 것입니다. 에스겔을 통해 하나님이 보여주시는 환상은 예루살렘 성의 함락입니다. 그 이유는 유다 족속의 죄악 때문이요. 그 결과는 이방 나라의 음식을 먹어야 하는 것입니다.

하나님이 심판의 모습을 계속 보여주시는 이유는 경고에도 불구하고 변하지 않는 그들의 안일한 태도 때문입니다. 하나님이 보여주시는 상징적 행위들은 이스라엘의 흩어짐에 대한 예언이지만 백성에 대한 언약의 파기가 아니요. 하나님의 거룩한 이름을 위해 남은 자들을 반드시 회복시키시는 내용입니다.

포로된지 5년째
그발 강가에 보이시는 환상은
길은 잃는 백성에게 보이시는
희망의 환상이라

이스라엘을 구원하시려고
파수꾼으로 세움 받은 에스겔
토판으로 성을 만들고
그것을 함락시킴이라

파수꾼으로 세움 받았으나
파수꾼의 말을 듣지 않고
향락을 즐기는 백성아
사방의 적들에게 포위 당하리니
너는 통곡하여라

# 에스겔 12~24장

오늘의 키워드는 **"심판 예고"**입니다.

하나님은 눈이 있어도 보지 못하고 귀가 있어도 듣지 아니하는 유다 족속을 깨우치기 위하여 에스겔로 하여금 포로 행장을 꾸미고 다니게 하십니다. 눈으로 땅을 보지 아니하려고 얼굴을 가리며, 떨면서 음식을 먹으며, 놀라며 물을 마시는 괴로움을 당할 것이 거짓 선지자와 예언자들 때문입니다. 그들의 우상 숭배와 가증한 행위 때문에 예루살렘 주민은 불에 던진 땔감 같은 존재입니다.

하나님은 감사할 줄 모르고 가증한 행위를 일삼는 방자한 음녀같은 예루살렘을 심판하실 것입니다. 이스라엘이 저지르는 죄악의 대가는 바벨론의 포로로 끌려가는 것입니다. 그 경고를 무시하고 항거하는 자의 결말은 시드기야의 패망과 같습니다.

물가에 무성했던 포도나무가 시들고 유다 왕조 역시 뿌리가 뽑혀 땅에 던짐 당한 것처럼, 말씀을 떠난 자들에게 패망할 것을 말씀하시는 하나님의 슬픔은 에스겔로 하여금 고관들을 위한 애가를 부르게 하십니다.

**묵상시**

성(城)에 한 일꾼이 있었습니다
그는 지혜롭고
일을 잘 하기로 소문났으나
첩을 많이 두었고
방탕한 생활을 즐기며
여인들이 섬기는 우상을 기웃거리다가
죽었으니
남은 두 아들은 고아입니다

한 아이는 쾌락을 즐기다가
앗수르의 연못에 빠져 죽었고
한 아이도 쾌락을 좋아하였으니
성주(城主)는
남은 한 아이마저 잃는게 걱정되어
잘 훈육하기로 마음 먹고
고약한 바벨론에 보내어
험한 일을 경험하게 합니다

# 에스겔 25~32장

오늘의 키워드는 **"열방을 심판"**입니다.

구원이 이스라엘에게만 국한된 것은 아닙니다. 하나님의 구원이 이스라엘에 집중되어 펼쳐지고 있는 것으로 보이지만 모든 나라 모든 민족(롬 15:9~13)이 선교의 대상입니다. 그러므로 상벌의 공존은 당연하게 보입니다.

암몬 · 모압 · 애돔 · 블레셋 · 두로 · 시돈 · 애굽으로 이어지는 이방 나라들에 대한 징계의 메시지는 그들이 이스라엘의 고통을 즐거워하였기 때문입니다. 또한 스스로를 조물주로 자처하는 애굽에 대한 심판은 유대가 더이상 애굽을 의지하지 못하게 하려는 의도입니다.

하나님은 만물을 다스리시며 사랑하는 백성을 그 중심에 세우십니다. 하나님 없다하며 우쭐대는 모습으로 사는 것은 패망의 지름길입니다. 하나님을 경외하며 살아가는 것이 만물을 만드신 이에게 순복하는 것이요 평안을 누릴 비결입니다.

## 묵상시

이스라엘 민족을 택하심은
약하고 작기 때문이요
하나님만 의지하라는 의미로다
하나님이 사람을 만드셨나니
모든 사람이 구원 받아야 할 대상이로다

암몬이, 모압이, 에돔이, 블레셋이
우상을 섬기며 이스라엘을 괴롭히고 있는가
라합이 누구이더냐
룻이 누구이더냐
육으로는 이방인이나
예수 그리스도의 계보에 있나니
모든 민족이 하나님의 자녀인 것이로다

이방 나라가 심판을 받음은
그들의 죄악 때문일 뿐이요
하나님은 모든 사람의 하나님이시라
그리스도를 믿으면 모든 사람이 구원을 얻나니
하나님을 사랑하는 자
그 뜻대로 부르심을 입은 자들에게
모든 것이 합력하여 선을 이루느니라

# 에스겔 33~39장

오늘의 키워드는 **"회복"**입니다.

하나님은 에스겔을 시켜서 우상숭배로 인하여 영적 불구가 된 유다를 향해 복음의 나팔을 불게 하십니다.

거짓 목자에 의하여 고통 받는 백성에게 참 목자를 보내실 것을,

형제의 나라인 에돔이 이스라엘을 공격한 것에 대한 심판을,

하나님은 이스라엘의 회복을 위하여 에스골 골짜기에서 환상을 보여주십니다.

마른 뼈들이 모이고 힘줄이 생기고 가죽이 덮이고 생기가 임하여 거대한 군대가 되는 것처럼, 아무런 가망이 없을지라도 성령이 임하시면 회복되는 것을 보게 합니다.

곡의 연합군이 침공하지만 하나님이 돕는 이스라엘이 승리할 것입니다.

지금도 사탄이 공격하나 하나님의 군대는 승리합니다. 창조주 하나님은 백성을 회복시키며 능히 이길 힘을 주십니다.

하나님은 생명의 창조자이시기 때문입니다. 에스겔이 성령으로 대언하였을때 마른 뼈들이 맞추어져 큰 군대를 이룸같이, 하나님의 영을 입는자는 생명이 회복되며 영원한 승리를 이룹니다.

**묵상시**

예수 그리스도를 보내심은
사탄의 악행을 멸하고
이 땅에 그리스도의 나라 위하심이네

그리스도가 전파되는 나라마다
인권 존중 · 남녀평등 · 사회부흥 ·
경제부흥 이루어졌나니
그리스도의 복음은
죽은 땅을 회복시키심이라

그리스도의 말씀은 생명이라
기도는 말씀에서 피어나며
삶 속에서 왕성하게 일어나나니

마른 뼈들아 여호와의 말씀을 들으라
말씀이 가는 곳 마다
여호와께서 생기를 주시리니
죽은 땅들이 회복됨이라

# 에스겔 40~48장

오늘의 키워드는 **"생명"**입니다.

하나님과 백성의 회복은 성전의 회복으로 이어집니다. 성전은 동·서·남·북으로 문이 있고 그 안에 성소와 지성소가 있어 하나님의 임재하심을 보여줍니다. 거룩하게 절기를 지키며 하나님과의 회복을 이룸은 생명의 회복이요 만물의 회복으로 이어집니다.

예루살렘 성전 문지방 밑에서 흐르는 물은 성전을 적시고 무릎에 오르고 허리에 오르고 강을 이루며 바다가 되살아나고 강 좌우에 나무가 많아 과실을 맺으며 그 잎사귀는 약재가 됩니다.

성전에서 흐르는 물이 온 땅을 살리는 것처럼 예수 그리스도의 오심은 죄악에 물든 세상을 정화하는 생명입니다.
　사람이여, 온 땅이여,
　그리스도 안에 생명이 있나니
　복음의 나팔 소리를 듣고 깨어나라
　우리 안에 생명으로 피어나기까지
　여호와삼마!

**묵상시**

성전 문에 이르니
문지방 밑에서 흐르는 물이
땅을 향하여 흘러가며
발목을 적시고
무릎을 적시고 허리에 오르더니
큰 강을 이룸이라

강 좌우편에 나무가 심히 많고
흐르는 물이 바다에 이르니
바다의 물이 되살아 나고
물이 닿는 곳 마다
모든 생물이 번성함이라

광야에 길을
사막에 강을 내리니
이에 주리고 목마른 자들아
다 내게로 오라
내가 너희를 쉬게 하리니

# 다니엘 1~7장

오늘의 키워드는 **"꿈"**입니다.

이스라엘을 훈련시키기 위하여 하나님의 도구로 잠시 쓰임받는 바벨론은 이스라엘의 유능한 자들을 포로로 끌고갑니다. 포로로 끌려간 다니엘과 세 친구의 이야기 내면에는 믿음이라는 거대한 신적 소통이 깔려있습니다.

하나님은 다니엘에게 꿈을 해석하게 하여 세상의 중심에 세우십니다. 그 꿈은 나라들의 흥망성쇠를 보여줌이요. 그 나라들의 결말은 뜨인 돌로 나타나는 예수 그리스도의 영원한 나라를 보여주십니다.

세상의 것들이 활개치며 왕 노릇을 할 때, 하나님은 믿음의 식구들을 쓰시기 위하여 세상의 것들을 연단의 풀무로 사용하여 성도들을 다듬고 계십니다. 그리스도의 뜨인 돌이 악한 세상을 무너뜨림 같이, 그리스도로 인하여 다듬어지는 인생마다 푸른 그리스도의 계절을 가꾸어 가는 조약돌이 됩니다.

묵상시

약속의 시간이 다가오는데
해방의 기미는 보이지 않고
큰 산에 눌린 백성은
숨조차 쉬지 못하는데

뜨인 돌에 의해서
큰 나라는 작은 나라로
작은 나라는 더 작은 나라로
힘이 약해지며
산산히 부서지는도다

그가 내게 기름을 부으사
아름다운 복을 전하게 하시려고
마음이 상한자를 고치고
포로된 자에게 자유를 허락하시니
여호와의 은혜를 주시려 함이라

# 다니엘 8~12장

오늘의 키워드는 **"환상"**입니다.

묵상시

심판이 시작된 지 66년이 지났으나 해방에 대한 아무런 조짐을 느낄 수 없이 실망에 쌓인 이스라엘에게 하나님은 환상을 보여주십니다.

8~9장 : 두 뿔을 가진 수양과 수염소의 환상을 통해 메대 · 바사 제국과 헬라 제국의 운명을, 작은 뿔은 안티오쿠스 에피파네스의 유대교 박해 사건을 의미함.

9장 : 칠십 이레 동안의 환상은 포로 생활에서의 회복과 하나님 나라의 회복을 나타냄.

10~12장 : 그리스도의 재림 직전에 출현할 적그리스도의 교회에 대한 핍박과 최후의 심판을 나타내는 종말에 대한 예언이 수록되어 있습니다.

세상의 모든 역사는 하나님의 주권아래 있습니다. 다니엘에게 보여주는 환상은 짧게는 포로들의 해방이요, 길게는 인류 최후의 날을 준비하라는 묵시입니다.

말씀은 영혼을 맑게 하고
기도는 주님과 가깝게 하고
순종은 삶을 풍요롭게 하나니
말씀을 순종으로 받드는 자
대지를 싹트게 만드는 생명을 얻음이라

거울을 닦으면 얼굴이 보이고
마음을 닦으면
하나님의 세상이 보이나니
막힌 담을 허는 자
은혜가 밀물처럼 들어오리라

요셉을 찾아오심 같이
다니엘을 찾아오심 같이
하나님은 열린 마음을 찾아오시나니
하나님의 환상을 품고 달리는 자
하나님이 세우시고 이루심이라

# 호세아 1~14장

오늘의 키워드는 **"음란 경고"**입니다.

이방 나라들과의 교역으로 부를 누리는 여로보암2세때의 북이스라엘은 우상숭배로 인한 영적 암흑기에 접어듭니다.

하나님은 이스라엘의 죄악을 깨닫게 하기 위하여 호세아로 하여금 음란한 여인 고멜과 결혼하게 합니다.

바람피워 도망가면 데려오고 또 데려와 그가 낳은 자식들을 키우라 하시니 호세아의 마음은 괴롭기 짝이 없습니다.

이런 배은망덕하고 타락한 고멜의 모습은 여호와를 배신하여 떠난 이스라엘의 모습과 같습니다. 하나님은 고멜을 받아들임 같이 이스라엘을 받아들일 것을 보여주십니다.

그러나 쾌락의 늪에서 빠져나오지 못하는 북이스라엘을 끝까지 보호하지 않으시니 북이스라엘은 결국 앗수르에게 멸망당합니다.(B.C. 722) 하나님의 사랑은 죄 지은 자에게 회개의 기회를 제공하시지만 돌이키지 않는 자에게는 어쩔 수 없습니다.

**묵상시**

좋은 열매 맺으라 하였더니
나쁜 열매 맺음은 어찌됨이뇨
좋은 포도 나무 심었더니
포도주에 독이 넘침은 어찌됨이뇨
악을 밭 갈아 죄를 거두고
거짓 열매를 맺는 자들은
심판이 있으리라

음란을 심고 선한것을 거두려 하느냐
심은 것이 줄기가 없으며
이삭은 열매 맺지 못하리니
쭉정이까지도 이방 나라가 삼키리라

하나님과 우상을 함께 섬기는 자는
자신의 아내를 두고
다른 여인을 간음하는 것과 같음이니
이런 자에게는 심판이 있으리라
아담 안에서는 모든 사람이 죄인이나
그리스도에게 붙어있으면 살리라

# 요엘, 아모스

오늘의 키워드는 **"심판"**입니다.

불순종에 대한 징계는 요엘을 통하여 메뚜기 · 가뭄의 재앙을 통하여 알려줍니다.

시온에서 나팔을 불며 거룩한 산에서 경고의 소리로 이방을 다 떨게 할지니 불이 앞을 사르고 불꽃이 뒤를 사르며 피할 자가 없도다.

요엘은 백성에게 회개하고 여호와께로 돌아오도록 권합니다. "누구든지 여호와의 이름을 부르는 자는 구원을 얻으리라 (2:32)"는 말씀은 창15:6과 더불어 율법이 아닌 믿음으로 구원 받는(엡2:8, 갈3:11) 것을 나타냅니다.

다메섹아 돌이키라
블레셋아 두로야 시돈아 암몬아 모압아 사마리아야 그리고 이스라엘아 돌이키라.
너희의 거짓 종교와 사치와 약탈과 불공정한 행위를 버리라.
너희 번제나 소제를 드릴지라도 받지 아니하리니
여호와께서 원하시는 제사는
정의를 물같이, 공의를 마르지 않는 강 같이 흐르게 하는 것이라.

## 묵상시

팥중이가 남긴 것을 메뚜기가
메뚜기가 남긴 것을 느치가
느치가 남긴 것을 황충이 먹었나니
죄악에 취한 자들아 남은 것이 있느냐

불이 큰 바다를 삼키고
주께서 다림줄을 잡고 계시니
심판의 날에
잘못된 것들을 파괴할 것이라

너희는 마음을 찢어 통곡하며
여호와께로 돌아오라
남은 자들로 만국을 얻게 할 것이요
그 날에 다윗의 무너진 장막을 일으키고
허물어진 것들을 다시 세우시리라

# 오바댜, 요나, 미가

오늘의 키워드는 **"회개 권고"**입니다.

■ 오바댜 : 영적 교만과 형제애를 상실하여 공격하는 애돔과 이방 나라들에 대한 심판을 다루고 있으며, 하나님의 백성이 기업을 누리며 이방 나라들을 얻게 될 것을 말씀하십니다.

■ 요나

하나님은 요나를 통한 인류구원을 보여주십니다. 요나의 도망침 → 물고기의 밥이 됨 → 살려주심에 감사기도(회개) → 니느웨에서 외침 → 니느웨의 회개 → 니느웨의 구원 → 온 인류가 하나님의 백성임을 천명하십니다.

■ 미가

백성과 지도자들의 타락과 우상 숭배와 탐욕의 죄악 때문에 예루살렘까지 심판하시지만 하나님은 남은자들을 위해 예루살렘 회복과 최후 승리를 말씀하십니다.

선지자는 '회개를 권고'합니다. 하나님은 회개하는 자를 위해, 순종하는 남은자를 위해 하나님 나라를 회복하십니다. 통독의 지체마다 감사와 감격으로 하나님께 다가서기를 소망합니다.

묵상시

에돔아 너는
장자권을 빼앗은 야곱보다는
순수하지 않았더냐
압복강을 건너는 야곱을
용서하지 않았더냐
오늘은 네가 이스라엘을 공격하니
너의 순수함은 어디에 있느냐

요나야 너는
도망치다가 도착한 곳이
물고기 뱃속이 아니었더냐
니느웨가 아무리 약했어도
짐승까지 금식하며 기도하지 않았더냐

이스라엘아 너는
나라를 우상의 산당으로 만들었느냐
유다야 너희 우두머리는
뇌물로 재판을 비틀었느냐
여호와께서 높은 곳에서 밟으시리니
네 머리를 대머리 같게 밟으시리라

# 나훔, 하박국, 스바냐

오늘의 키워드는 **"멸망 선고"**입니다.

■나훔 : 니느웨(앗수르)가 회개함으로 잠시 심판을 면하였으나 다시 그들의 거짓과 포악한 모습을 보시고 바벨론을 끌어들여 멸망시킬 것을 말씀하십니다.

■하박국 : 패역한 유다에 대하여 갈대아 사람(바벨론)을 일으키어 심판하실 것을 말씀하십니다. 또한 그들의 교만과 무자비에 대하여 심판 받을 것을 말씀하십니다.

■스바냐 : 가장 악한 므낫세와 아몬의 시대를 한탄하며 임박한 하나님의 심판의 날을 선고하시고 기다리는 자와 남은 자들의 구원을 말씀하십니다.

세 선지자는 앗수르의 쇠퇴와 바벨론의 등장기를 배경으로 활동하였습니다. 앗수르와 바벨론은 이스라엘과 유다의 훈련을 위해 사용된 도구이지만 하나님은 그들에게도 이스라엘과 동일한 심판과 구원의 기준을 적용하십니다.

### 묵상시

멸망 선고에 벌떡 깨어
동물까지 금식하며 회개했던
너, 니느웨야
다시금 포악의 성질 부려대느냐

불의와 손을 잡고
하나님의 음성에 귀를 막는
너, 유다야
아직까지 우상을 버리지 못하느냐

말씀으로 백성을 이끌어야하는데
악한 왕으로 이름을 남긴
므낫세, 아몬아
백성을 패망으로 몰고가느냐

주님이 우리 죄를 대신하여 죽으셨는데
주님 밖에서 길을 찾는
아담의 후손들아
심판의 날이 다가오는도다

# 학개, 스가랴, 말라기

오늘의 키워드는 **"신앙 권고"**입니다.

■ 학개

백성의 핍절한 생활의 원인을 성전 방치에 있다고 꾸짖으니 백성은 학개를 따라 성전 건축을 시작합니다.

하나님은 성전 재건 후에 있을 복과 다윗자손으로 세울 왕권을 약속하십니다.

■ 스가랴

*성전 재건을 독려함과 8가지 환상을 통해 새 시대의 도래를 보여주심

*금식을 독려하고 하나님의 말씀에 순종할 것을 말함

*메시야의 초림: 나귀타고 오심, 악한 지도자를 제거

*메시야의 재림: 구름타고 오심, 예루살렘 심판하시고 견고한 나라를 세우심

■ 말라기

기다리는 하나님 나라는 오지 않고 기근이 덮치자 백성은 하나님의 사랑을 의심합니다. 경제의 궁핍을 면하려고 이방인과 결혼하고, 예배는 드리지만 상하고 저는 것으로 드리니 형식만 남았습니다. 사랑하는 자를 구원하시려고 여호와의 날에 심판이 있습니다.

스가랴가 구약의 내용을 마무리를 한다면 말라기는 신약을 준비하고 있습니다.

묵상시

구약의 먼 길 여행 수고 많았습니다
아브라함의 순종을 크게 보시사
큰 민족 삼으신다는 약속은
홍해를 건너며
만나로 먹이시며
가나안 땅을 차지하게 하셨습니다

이방의 것들을 기웃거리다가
두 손 꽁꽁 결박당한채
이방 나라로 끌려간 백성
아버지의 긍휼을 입고 돌아왔으나
찬란한 주님의 시간을 기다리지 못하여
다시 죄악의 웅덩이에 빠져
허우적거립니다

이 강을 건너면
신약의 시간이 시작되는데
사랑에 굶주린 영혼들아
요나의 표적을 보아라
그리스도께서 너희 위해 죽으시고
사흘만에 살아나셨느니라

# 신 구약 중간기 (말라기~예수탄생)

| 제국 | 왕조 | B.C. | 유대 사회 |
|---|---|---|---|
| 페르시아 | | 415 | 형식주의(율법주의) - 회복의 소망 잃고 예배 소홀 (말 1:6-2:9)<br>회의주의(영적 무관심) - 잡혼 간통 탐닉의 죄악 (말 2:10-16)<br>디아스포라 형성과 신앙 결속 - 300만명의 유대인이 127개주에 분산거주 |
| 헬라시대 330-164 | 알렉산더 대제 | 331<br>320 | 디아스포라 구심점인 회당(synagogues)이 복음전파의 기틀이 됨<br>헬라언어의 확대 |
| | 프톨레미 왕조<br>(이집트) | 198 | 구약성경 70인역 헬라어로 집대성 - 타민족에게 성경보급<br>알렉산드리아 건설 - 유대인 이주, 초기 기독교 번성 |
| | 셀류쿠스 왕조<br>(시리아) | 169 | 종교박해, 성전약탈, 성전에 제우스 신상 세움. 어린이, 여인들 노예로 판매<br>**마카비전쟁** : 유다의 마카비우스 가문이 안티오쿠스에게 반기를 듬,<br>히시딤(경건주의자들)의 합류 |
| 하스몬 왕조 164-63 | | 164 | **마키비우스** : 예루살렘 탈환, 우상제거, 배교자 척결, 히시딤의 분리<br>율법주의, 형식주의 → 바리새파로 발전<br>금욕주의, 신비주의 → 엣세네파로 발전 |
| | | 134 | **요한히르카누스** : 영토확장, 사두개파와 바리새파간의 갈등<br>사두개파(귀족, 제사장중심) - 회의주의, 사독의 후예, 부활이 없다는 견해<br>바리새파(평민중심) - 부활신앙, 형식주의 |
| | | 103 | **아리스토블루스**<br>잔악통치 - 정복지에 강제 할례실시 / 로마에 항거하는 열심 당원의 거점 |
| | | 102 | **알렉산더 얀네우스**(요나단의 헬라식 이름)<br>사두개파의 정권 장악 - 바리새파 6천명 학살, 800명을 십자가 형에 처함 |
| | | 72 | **히르카누스 2세와 살로메 알렉산드리아**<br>균형잡힌 정치, 바리새판의 산헤드린 공회 참여 |
| | | 67 | **히르카누스 2세와 아리스토블루스의 전쟁**<br>유대의 내분 |
| 로마시대 (B.C.) 63-135(A.D.) | 폼페이우스 | 63<br>40 | **히르카누스 2세** : 유대의 내분, 폼페이우스에게 점령당함<br>로마의 발달된 도로망 - 여행과 복음전파가 수월해짐<br>**아리스토블루스 2세** : 파프티아인들의 도움으로 예루살렘 정복<br>예루살렘이 6개월동안 포위됨 |
| | 헤롯 1세 | 37<br>19<br>5~0 | **헤롯의 통치** : 헤롯(에서의 후손 이두메인, 자신의 가족 숙청)<br>베들레헴의 어린이들 학살<br>성전건축 시작(헤롯)<br>**예수탄생** |

도표5. 150일 성경통독 2019. 윤 석

# 초대 기독교 연대기

| 왕조 | 총독 | 헤롯 왕조 | 유대 사회 |
|---|---|---|---|
| 로마시대 (B.C.) 63-135(A.D.) | 빌라도 26-36 | 헤롯 빌립 (B.C.)4-34 | 28 세례자 요한의 사역 시작 / 예수의 사역 시작 |
| 티베리우스 14-37 | | | 30 예수의 고난, 죽음, 부활, 승천 / 오순절 강림 전도 명령 |
| | | 헤롯 아그립바 1세 34-44 | 33 사울의 회심(다메섹 가는 길에 예수 만남) |
| 칼리굴라 37-41 | | | 41 야고보 순교(아그립바에 의해) |
| 클라우디우스 41-54 | | | 44 바울의 1차 전도 여행 / 베드로 투옥, 야곱.시몬의 순교(아그립바에 의해 십자가형) |
| | | | 48 갈라디아서 기록(안디옥에서 /바울) / 바울의 2차 전도 여행 / 데살로니가전.후서 기록(고린도에서/바울) |
| | 벨릭스 52-60 | 헤롯 아그립바 2세 44-92 | 52 바울의 3차 전도 여행 / 고린도전서 기록(에베소에서/바울) / 고린도후서 기록(마게도냐에서/바울) |
| 네로 54-68 | | | 57 로마서 기록(고린도에서/바울) / 바울의 투옥, 가이사랴로 이동 |
| | | | 60 바울의 로마 이송(항해) |
| | 베스도 60-62 | | 62 야고보 순교(사두개인/아나누스에 의해) / 바울의 가택 연금 당함(로마에서) / 베드로전서 기록(로마에서/베드로) / 히브리서 기록(기록자 미상) / 누가복음.사도행전 기록(누가) / 헤롯성전 건축 완료 |
| | | | 64 로마 대 화재(네로), 기독교인 대량 학살 / 베드로후서 기록(베드로), 유다서 기록(유다) / 디모데후서 기록(바울) / 바울.베드로 순교(로마에서/네로가 유대인들의 환심 사려고) |
| 네로 아들 베스파시아누스 70-79 | | | 66 유대 로마 전쟁(가이사랴에서/유대인과 헬라인 사이의 폭동으로 시작) |
| | | | 67 쿰란 공동체 파괴 |
| | | | 70 예루살렘 성전 파괴(로마의/티투스에 의해)-요하난 벤 자카이 등장 |
| 티투스 79-81 | | | 73 마사다 요새 정복 당함 |
| 도미티아누스 81-96 | | | 85 요한복음 기록(요한), / 요한 1.2.3서 기록(에베소에서/요한) |
| | | | 95 요한계시록 기록(밧모 섬에서/요한) |
| 네르바 96-98 | | | 96 |
| | | | 98 로마의 박해 공식적으로 종료(네르바 황제에 의해서) |

# 신구약 중간기와 전후 연구

## 1. 형식주의

포로에서 돌아온 백성은 율법 중심에서 성전(예배) 중심의 생활을 합니다. 그들은 고통스런 자신들을 구해줄 메시야를 기다리고 있는데 기근과 흉작이 덮치니 마음이 곤고해진 그들은 하나님을 형식적으로 섬기고 있다. 그들은 율법은 중시하지만 형식적인 예배의 앞잡이 노릇을 하는 제사장들은 여호와의 제단에 더러운 떡과 눈 먼 희생 제물과 저는 것 병든 것을 바치면서 양심의 가책을 느끼지 못하고 있다.

## 2. 회의주의

여호와께서 세운 언약은 생명과 평강의 언약이요 불의함이 없었으며 화평함과 정직함입니다.

그러나 제사장들은 자신들의 경제적 이익 때문에 백성 앞에서 장사를 하며 여호와께 드리는 제물을 병들고 다리를 저는 값싼 것으로 드리고 있다. 예배의 형식은 있으나 정성이 사라져 경건과 율법을 떠난 회의주의로 전락한 모습들은 소망을 잃은 백성을 선도하기는커녕 점점 더 어둠의 길로 내몰았으니 백성은 점점 예배를 무시하며 영적 무관심에 빠집니다.

## 3. 페르시아 시대(B.C. 450~330)

하나님의 복된 나라를 꿈꾸었던 자들은 고통의 시간을 이겨내지 못하여 형식주의 회의주의에 빠져 하나님의 말씀을 존귀히 여기지 않습니다. 그들은 하나님이 어디 계시냐고 말하며 잡혼 · 간통 · 탐닉의 죄악을 저지르고 있습니다. 하나님은 그들에게 나타나시어 돌이킬 것과 백성의 행할 도리를 말씀하신다. 당시 돌아오지 못한 300만 명의 유대인들은 페르시아127개 주에 분산 거주하는 디아스포라가 되어 흩어진다.

## 4. 헬라시대 (B.C. 330~166)

알렉산더 대제의 통치는 모든 식민지에 그리스 언어의 확산으로 이어집니다.

이 때 300만명의 흩어진 디아스포라의 구심점인 회당 (시나고그)과 알렉산드리아 건설로 이주한 유대인들은 복음 전파를 위해 쓰여진다. 프롤레미 왕조때 구약성경 70인 역이 헬라어로 만들어져서 타민족에게 성경 보급이 시작된다. 온 인류의 구원 계획을 실현하시는 하나님의 계획은 고난도 때로는 유익으로 바꾸신다.


## 5. 하스몬 왕조(B.C.167~63)

알렉산더 대제의 급사 이후 셀류시트 왕조의 안티오커스 에피파네스 4세는 자신을 지지하지 않는 유대인들에 대하여 종교 말살 정책을 실시한다. 그들은 성전에 제우스 신상을 세우고 성전에서 돼지와 부정한 동물들을 바치게 하는 등의 법령을 내세웠고 이 때 경건한 유대인들은 거룩한 몸을 더럽히지 않고 죽어갔으며 광야로 피신하였으나 안식일에 공격해오는 헬라 군대에게 안식일을 범할 수 없어 저항 없이 몇 천 명이 몰살당한다.

〈마카비 전쟁167~164〉
* 167 시몬 마타티야스 제사장이 독립 전쟁을 일으킴. 하시딤(경건주의) 사람들이 대거 합류
* 165년 3째 아들 유다의 저항운동
* 164예루살렘 입성. 성전청결
* 152년 5째 아들 요나단, 대제사장으로 등극
* 142년 2째 아들 시몬에 의해 정치적으로 완전 독립
* 134~104 시몬의 3째 아들 히르카누스의 통치
    - 이두메(에돔) 정복. 유대교로 개종 시킴(무늬만 유대교)
* 104~103 히루카누스의 큰아들 아리스토블루스의 통치
* 103~76 둘째아들 알렉산더 얀네우스의 통치
    - 바리새파와 심한 충돌. 숙청. 8000명이 해외로 망명함
    - 이두메 총독으로 헤롯 안티파터를 세움

\* 76~67 살로매 알렉산드라의 통치
  – 바리새파와 손을 잡고 나라의 안정을 되찾음
  – 대제사장직을 큰아들 히르카누스 2세에게 승계
\* 67년 히르카누스 2세와 그의 동생 아리스토블루스 2세 간의 내전으로 히르카누스는
  이두메 총독 헤롯 안티파터를 끌어들였으나 전쟁이 종식되지 않음
\* 63년 히르카누스 2세는 로마의 폼페이우스 군대를 예루살렘으로 끌어들여 전쟁을 종
  식하였고 유대의 종교적 자유는 보장 받았으나 통치권은 박탈당하는 결과를 초래함

# 6. 바리새파, 엣세네파, 사두게인

마카비 혁명이 승리로 끝나자 '히시딤(경건주의자들)' 중 일부는 세속적인 관
심에서 이탈하여 종교지상주의에 빠져들어 엣세네파의 근간을 이루었고, 현세
를 떠나지 않고 경건을 유지하는 자들이 바리새파의 근간을 이룬다. 바리새파는
오랜 동안 정권의 배후세력으로 역할을 하지만

비 율법적이고 친 헬라노선을 지향하는 알렉산더 얀네우스와의 충돌로 인한
거대한 핍박 이후 다시 유대 사회의 지도층으로 부상한다.

## ● 바리새파
 – 포로기 이전 제1성전 시대의 문서 관리를 했던 서기관(문서 기록, 재생산 역
   할)에서 비롯된 칭호
 – 바벨론 포로 이후부터는 율법학자로 불리웠고 유대 사회의 지도층으로 등장
 – 서기관들을 중심으로한 온건한 평신도 운동
 – 세속적인 현실을 떠나지 않고 경건을 유지함
 – 현세적 삶 속에서 종교적 경건을 추구하는 자들로 종교의 자유를 위해 로마
   와 헤롯 정권을 묵인하는 정치노선 취함
 – 후에 율법주의 형식주의로 불리워짐

## ● 엣세네파
 – 타락한 제사장들을 부인하는 제사장 중심의 운동
 – 종교지상주의자들로 세속적 정권과 가치를 부인하고 은둔자적 경건을 추구
   하며 종말론적 심판을 기다리는 자들.
 – 후에 금욕주의 신비주의로 불리워짐

## ●사두게파

 - 대제사장과 지주와 부유한 상인들로 구성됨
 - 부활 신앙이 없는 현세지상주의자들로 부와 세속 권력을 추구

## ●젤롯(열심당원) – 주후 6년 경

 주로 하층민들에게서 나타난 민중운동으로 무력을 통해서 하나님의 직접 통치를 실현하려 했음

 - 귀족(사두개파)의 타락 문제시함
 - 속세로 떠난 엣세네파도 문제시함
 - 바리새파의 중용적 입장에 만족하지 못함

## ●헤롯당

 헤롯의 지배와 로마를 지지하며 유대의 민족주의를 반대하는 사람들. 예수의 반대자들

## 7. 로마시대(B.C. 63~ A.D.70)

〈헤롯의 유대 통치〉

 하스몬 왕조 시절에 이두매(에돔)를 정복하여 유대교로 개종시킨 사건과, 헤롯 안티파터를 이두매 총독으로 임명한 사건은 유대 나라에 불씨를 키우고 있었다.

 히르카누스 2세가 폼페이우스의 도움으로 승리하였으나 실권은 로마에 빼앗겼으니 유대는 결국 시류 편승(폼페이우스–시이저–안토니우스)에 능숙한 헤롯 가문에게 나라를 바치는 꼴이 된다.

 * B.C. 57년 유대인 반란 – 로마에 의해 진압, 히르카누스 2세는 예루살렘에 머무름
 * 55년 유대는 안티파터의 수중으로 서서히 들어감
 * 47년 안티파터가 행정 장관이 되어 맏아들 파사엘에게 예루살렘 지사를, 대 헤롯에게 갈릴리 통치권을 부여함
 * 43년 헤롯 안티파터의 독살당함
 * 43년 안티고누스가 파르티안의 도움으로 유대를 침공 – 대 헤롯에 의해 실패하고 그 이유로 히르카누스 2세의 손녀 미리암과 헤롯의 약혼(유대 왕으로 등극할 혈통적 약점 보완)

* 42년 히르카누스 2세는 대제사장의 직위를 회복
* 40년 안티고누스가 파르티안의 도움으로 유대를 정복, 파사엘은 자결, 대 헤롯은 로마로 도망침
  - 대 헤롯이 유대의 왕으로 임명되고 로마의 도움으로 예루살렘 정복
* 37년 대 헤롯이 유대인의 왕으로 등극, 바리새파와 화친, 사두개파는 약화시킴
* A.D. 4년 대 헤롯의 죽음
* 6년 로마 총독의 친정 체제로 전환, 젤롯(열심당) 운동 벌어짐
* 41~44헤롯 아그립바 1세 – 유대 지역 분봉왕으로 통치
* 52~60 안토니우스 팰릭스의 통치, 유대는 최악의 사태로 전락
* 64~66 플로루스 통치, 플로루스가 성전 금고에서 돈을 훔치는 일로 인하여 유대인의 폭동, 로마에 대한 항쟁으로 치닫음
* 66~73 유대 반란(젤롯이 주도)
* 70년 로마에 의해 예루살렘 성전 파괴

사두게파와 젤롯과 엣세네파가 없어지고 바리새파만 생존. 오늘날의 모든 유대교의 종파는 바리새파 유대교(Pharisaism)에 그 뿌리를 두고 있다.


## 8. 예수의 출생과 이후의 역사

첫째 아담은 인간을 죄악과 죽음의 길로 빠뜨렸으나 둘째 아담인 예수 그리스도는 인간을 구원하시기 위하여 오셨다.

바벨론 – 페르시아 – 그리이스 – 로마제국 이후 '뜨인 돌'(단2장)로 나타나신 예수 그리스도는 세상의 모든 나라들을 파하여 하나님의 주권과 통치를 이루시고 인류 구원의 다리(구원의 돌)를 놓으셨다.

* A.D. 1(?)년 예수의 출생
  - 대 헤롯의 무차별 살해 명령
* 4년 대 헤롯의 죽음
* 6~ 로마 총독의 친정 통치
* ~33 제사장 · 바리새인 · 사두개인들에 의한 배척
* 33 예수의 죽으심 · 부활 · 승천,
  - 오순절 역사, 일곱 집사 세움

* 34 사울의 회심
* 35 베드로의 환상
* 41 헤롯 아그립바가 통치(~44)
* 47 바울의 1차 전도 시작
* 48 예루살렘 공의회
* 50 바울의 2차 전도 시작, 고린도 도착
* 52 안토니우스 팰릭스의 통치(~60)
* 53 바울의 3차 전도 시작
* 54 네로황제 즉위
* 59 바울의 예루살렘 돌아옴
    − 가이사랴에서 투옥
* 61 바울의 로마로 출발
* 62 야고보 순교
* 64 네로에 의한 로마 화재
    − 여론 무마 위해 기독교를 박해(~67)
    − 플로루스 통치(~66)
* 65 마가복음부터 복음서 출간 시작
    − 유대인 소동을 두려워하여 기독교도 처형(베드로와 바울의 순교)
* 66 유대의 반란
* 70 로마에 의해 예루살렘 성전 파괴.
    − 사두개파 · 엣세네파 · 열심당이 사라지고 유대인 역사는 바리새파 주도로 이어짐
* 132 유대의 2차 봉기
* 155 폴리캅 순교
* 313 콘스탄틴의 기독교 공인
* 325 니케아 종교회의, 삼위일체 정립
* 380 테오도시우스의 기독교 국교

# 마태복음 1~10장

오늘의 키워드는 **"왕으로 오심"**입니다.

마태복음은 구약과 신약을 연결하고 있습니다. 오랫동안 기다리던 메시야가 신구약 중간기를 지나 드디어 탄생하십니다.

■ 왕의 탄생(1~4:11절) 예수님이 메시야인 것을 증거하며 공생애를 준비하심.

■ 왕의 선포(4:12~7장)

회개의 촉구와 천국 복음의 선포와 더불어 제자들을 통한 복음 사역을 말씀하심.

너희는 먼저 하나님의 나라와 하나님의 의를 구하라는 천국의 법칙을 알려주심.

■ 왕의 사역(8~10장)

주님은 회당에 가서 천국복음을 가르치시며 병든 자와 약한 자를 고치시며 하나님의 선교를 위하여 열두 제자를 부르십니다.

*구약 5권의 율법서: 12지파로 구성된 이스라엘의 역사와 하나님의 법
*신약 4권의 복음서: 12명의 제자를 세우시고 자신의 희생을 통한 언약 공동체를 이루는 그리스도의 사역입니다.

묵상시

어둠의 끝자락에서 빛나는 새벽별이
태양을 맞이하는 것처럼
메시야를 기다리는 간절함은
광야에서 외치는 자의 소리로
예수 그리스도를 맞이하고 있도다

그리스도의 빛이 생명 되어
어둠에 잠든 인생을 깨우나니
복음을 듣고 회개하는 자마다
은혜 안에 거하리라

그리스도의 말씀 따라 순종하며
인생 길을 걸어가는 자마다
왕의 길을 예비하는 자이니
먼저 그리스도의 나라와 의를 구하라
그리하면 이 모든 것을 너희에게
더하시리라

# 마태복음 11~20장

오늘의 키워드는 **"배척당하심"**입니다.

묵상시

■ 종교 지도자들(11~16:12절)

안식일에 행한 일에 대하여 트집 잡는 바리새인들아, 성전보다 더 큰 이가 여기 있도다. 표적을 요구하는 서기관과 바리새인들아, 요나의 표적 밖에 보일 것이 없도다.

이 세대를 무엇으로 비유할까?
너희를 향하여 피리를 불어도 너희가 춤추지 않고 우리가 슬피 울어도 너희가 가슴을 치지 아니함 같도다.
나무가 좋으면 좋은 열매 맺고
나무가 좋지 않으면 나쁜 열매 맺는도다.

■ 수난을 예고하심(16:13~19장)

공생애를 마치신 주님은 십자가를 향한 고난을 예고하십니다. 포도원 품꾼의 비유를 통하여 구원은 인간의 노력이 아닌 하나님의 은총인 것을 알려주십니다.

성전보다 더 큰 이가 여기 있는데
아직도 표적을 구하느냐
피리를 불어도 춤추지 않고
슬피 울어도 가슴을 치지 아니하고
배척하고 있느냐

아침부터 일찍 온 일꾼들아
늦은 자가 먼저될 수도 있으니
먼저 믿은 자여 자만하지 말고
겸손히 주님을 바라보라

좋은 나무에 붙어있는 자
좋은 열매를 맺으며
나쁜 나무에 붙어있는 자
나쁜 열매를 맺나니
참포도나무이신 주님께 뿌리내리고
좋은 열매 맺으라

# 마태복음 21~28장

오늘의 키워드는 **"죽으심"**입니다.

■ 예루살렘 입성(21~23장)

왕으로 오신 주님이 성전에서 대적자들을 정면돌파하시어 그릇된 행위와 악행을 꾸짖으십니다. 건축자의 버린 돌이 모퉁이의 머릿돌 됨 같이 자신의 민족에게 버림받을 주님이 인류를 살리시는 구원의 반석입니다.

■ 종말에 대하여(24~25장)

성전의 무너짐은 이 세상의 죄악이 무너짐이요. 그 날을 누구도 알 수 없으니 열 처녀의 비유를 통하여 성도의 준비된 모습을 상기시켜 주십니다.

■ 죽으심과 부활(26~28장)

십자가에서 죽으심은 인간의 죄에 대하여 죽으심이요 부활하심은 주님을 믿는 자에게 생명이 있음을 보여주십니다.

아담의 죄악을 해결하시려고 주님은 온 인류를 대신하여 죽으십니다. 그리고 부활하심으로 왕으로서 인류 구원의 책임을 다하십니다.

묵상시

눈이 밝아지려고
선악과를 먹은 아담
에덴동산에서 쫓겨났으니
몸은 살았으나 죽은 자요

환락의 거리를 좋아하여
길 떠난 롯과 가족
도시가 유황불로 멸망하였으니
몸은 살았으나 죽은 자요

하늘 영광 버리시고
이 땅에 오신 주님
십자가에서 대속 제물로 죽으셨으니
몸은 죽었으나 생명을 이루신 자입니다

# 마가복음 1~8:26장

오늘의 키워드는 **"종으로 오심"**입니다.

마가복음의 대상은 이방인입니다.

■ 초기의 사역(1~3:12)

요한에게 세례를 받으신 주님은 성령에 이끌리시어 40일 금식기도를 마치시고 공생애를 시작하십니다. 병자를 고치며 기적을 보이시며 복음을 전합니다.

■ 제자들을 훈련하심(3:13~6:29)

열 두 제자를 세우시고 가르치시고 능력을 보이시며 제자들에게 권능을 주십니다.

■ 파송하심(6:30~8:26)

오 천 명을 먹이심과 바다 위를 걸으심은 예수께서 자연계의 주인임을 보여주시는 것이며 전도를 위해 제자들을 파송합니다.

하나님의 사역을 이루시기 위하여 하나님의 종으로 오신 주님은 사역 시작 전에 반드시 기도하는 모습을 보이십니다. 또한 병 고침과 섬기심은 복음 전파 이전에 관계 형성을 중요시한 것이며, 주님의 제자로 살기를 소망하는 사람이 본받을 삶의 모본입니다.

묵상시

하나님의 아들이 이 땅에 오시어
세례를 받으시니
너는 내 사랑하는 아들이라
내가 너를 기뻐하노라

하나님의 아들이 날이 밝기 전에 일어나
한적한 곳으로 가서 기도하심은
전도하시고 병을 고치시고
복음 전파를 위함이라

아버지와 함께 사람을 만드신 분이
사람의 몸으로 오셨으니
죄에 빠진 인류 구원을 위하여
아들의 역할을 감당하심이라

# 마가복음 8:27~10장

오늘의 키워드는 **"죽음과 부활 예언"**입니다.

예수의 행하신 것들을 아무에게도 말하지 말라 하심은 주께서 로마인들에게 반란의 지도자로 부각될 것을 염려하심입니다. 그래서 주님은 자신을 '인자'라고 표현하십니다.

예수께서 8:31, 9:31, 10:34의 세 번에 걸친 죽음과 부활의 예고는 그리스도께서 인류 구원을 위해 오신 분명한 목적을 알려주시는 것입니다.

"나를 따라오려거든 자기를 부인하고 자기 십자가를 지라." 그리스도를 따르는 것은 나 자신이 누리려 했던 소중한 것들을 포기하고 주님을 따르는 것입니다. 십자가를 지는 것은 육의 속성을 날마다 죽이며 하나님의 성품으로 가까워지는 것을 의미합니다.

주님의 오신 목적이 인류 구원을 위함이요. 그를 따르는 것은 자신을 포기하는 것입니다.

### 묵상시

인류 구원을 위한
죽음을 예고하는 세 번의 타종
죽으리라
죽으리라
죽으리라

빌라도에게 고난 당하고 주님은
죽으셨으나
인류의 죄를 짊어지신 십자가十字架는
사탄의 계획을 철저히 무산시키고
천국으로 향하는 다리를
놓으셨으니

살아나셨도다
살아나셨도다
하나님의 아들이 죽으신지 사흘만에
어둠을 물리고
죄인들을 구원하시기 위하여
살아나셨도다

# 마가복음 11~16장

오늘의 키워드는 **"뜻을 이루심"**입니다.

예루살렘 입성하시어 성전을 정화시키심은 하나님 나라를 준비하심이요. 포도원 농부의 비유는 주님의 길을 핍박하는 자들에 대한 심판입니다. 자신들을 구원으로 인도하실 분을 알아보지 못하고 핍박하고 죽이는 것처럼, 건축자의 버린 돌이 모퉁이의 머릿돌 됨은 버림받은 예수 그리스도가 우리를 구원으로 인도하는 머릿돌 입니다.

성전을 무너뜨림은 세상에 대한 심판이요, 사흘만에 다시 살아나심은 자신의 부활하심을 말씀하심입니다.

주님의 죽으심은 인류의 모든 죄를 짊어진 죽으심이니, 인간을 죄악으로 끌어내리려던 사탄의 패배입니다. 주님의 부활하심은 믿는 자에게 구원이 있음을 표증하는 것입니다. 주님을 믿는 자마다 새 하늘과 새 땅을 바라보아야 하리니, 나의 마음의 모든 생각과 입술의 모든 말이 주님의 이루심을 증거하는 도구로 사용하게 하소서.

묵상시

포도원 농부는 욕심을 부려
주인의 농장을 훔치려하였지만
마리야는 옥합을 깨뜨려
귀한 향유를 주님 머리에 부었네

베드로가 떨며
주님을 모른다고 외면하였지만
주님은 묵묵히 베드로를
사랑의 눈빛으로 바라보았네

빌라도가 주님을 십자가에 내어주어
사탄이 이긴줄 알았지만
주님은 인류의 죄를 위해 죽으셨으니
주님은 사탄을 이기고
인류 구원의 뜻을 이루셨네

# 누가복음 1~4장

오늘의 키워드는 **"예수의 오신 목적"**입니다.

광야길을 이끌어가는 모세처럼 예수께서도 공생애를 위해 40일 금식기도 하십니다.
이스라엘 백성이 광야에서 하나님이 주시는 만나를 먹었지만 사탄의 시험에 무너지고 실패하였습니다. 그러나 예수께서는 하나님의 아들이라는 정체성을 확고히 하시고 사탄의 시험을 이기십니다.

예수의 오심은 구약의 예언을 이루심이며 실행의 각론을 선포하십니다. 포로된 자에게 자유를, 눈 먼 자에게 다시 보게 함을, 눌린 자를 자유롭게 하고 복음을 전하기 위함입니다.
예수께서 온갖 병든 자를 고쳐주시고 귀신들린 사람에게서 귀신을 쫓아내십니다.
이스라엘은 사탄에게 무너졌지만 예수께서는 사탄을 짓누르고 사탄에게 포로된 자들을 구해주십니다.

**묵상시**

첫째 아들은 동산이 즐거워
이리 저리 뛰어 다니다가
귀한 열매만 따먹었고

둘째 아들은
농장에서 일하느라 땀 흘리고
아픈 자, 눈 먼 자 고쳐주며
그들을 위한 집을 만들어 주었네

첫 째는 아담이요
둘 째는 예수 그리스도시니
예수는 망가진 자들을 구하시려고
자신의 목숨을 내놓으셨네

아담은 죄악을 남기고
예수는 이 땅에 생명을 남기셨으니
사탄의 권세를 짓누르고
죄와 사망에서 우리를 구원하셨네

# 누가복음 5∼9:50절

오늘의 키워드는 **"예수님의 사역"**입니다.

묵상시

"깊은 데로 가서 그물을 내려 고기 잡으라"는 주님의 말씀은 인간의 지식이나 상식을 무너뜨리고 오직 주님만 따르라는 생존의 명령입니다.

깊은 곳에 그물 던지라는
명령을 받은 베드로
주님의 말씀에 순종하니
그는 비로소 사람 낚는 어부가 되었네

■ 가르치심

하나님의 아들이 복음을 전파하지만 나사렛에서는 배척 받으십니다. 병자들을 고치시고 복음을 전하고 12제자를 택하십니다.

병든 자 고치시고
죽은 자를 살리시고
주린 자를 먹이심은
인류 구원을 이루려 하심이네

■ 예수에 대한 인식과 파송

여인은 향유를 붓고, 주님은 씨 뿌리는 자와 등불의 비유를 말씀하시며, 열두 제자에게 권능을 주시고 파송함으로 온 땅을 향한 복음 전파의 틀을 만들고 계십니다.

피리를 불어도 춤추지 않고
곡하여도 울지 않는데
주님의 발등에 향유를 부은 마리아는
주님의 길을 예비하심인가

인류 구원을 위하여 인간의 몸으로 오신 주님이 제자를 세우심은 복음 전파를 위함입니다. 요한이 예수의 길을 예비함이 사명인 것처럼, 복음을 믿는 우리에게도 복음 전파는 사명입니다.

깊은 곳에 그물 던지라
아무든지 나를 따라 오려거든
자기를 부인하고
자기 십자가를 지고 따를 것이라

# 누가복음 9:51~11장

오늘의 키워드는 **"예수의 이름으로"**입니다.

예수의 복음을 들은 자가 '나로 먼저 가서 내 아버지를 장사하게 허락하소서'라는 말에, 예수께서 이르시기를 '손에 쟁기를 들고 뒤를 돌아보는 자는 하나님의 나라에 합당하지 아니하니라' 하심은 복음의 선재성이요. 70인 전도 특공대를 보내실 때 '전대나 배낭이나 신발을 가지지 말고 곧바로 가라' 하심은 복음의 긴박성입니다.

전도에서 성공하는 비결은 예수의 이름으로 전하는 것입니다. 예수의 이름으로 행하면 성령께서 사탄의 능력을 제어할 힘을 주시기 때문입니다. 복음은 스스로 지혜롭고 슬기 있다고 생각하며 거절하는 자들에게는 숨기시고, 어린아이들에게 나타내심은 그들의 순진한 마음 때문입니다. 복음은 학력이나 지식으로 되는 것이 아니요 오직 하나님의 은혜에 의하여 주어지는 것이니 '하나님의 말씀을 듣고 지키는 자에게 복이 있다' 하십니다.

## 묵상시

집안에서 가장의 이름이면
다 통함 같이
나라에서 임금의 이름이면
다 통함 같이
영적 세계에서 예수의 이름이면
모든 것 통한다

예수의 이름으로 행하니
앉은 뱅이가 일어나고
소경이 눈을 뜨고
전도를 방해하던 귀신들도
하늘에서 별 떨어지듯
우수수 떨어지는도다

예수의 이름으로 행하는 곳에
성령의 역사가 일어나나니
예수는 내 인생의 동반자요
예수는 길이요
예수는 진리요
예수는 생명이시도다

# 누가복음 12~18장

오늘의 키워드는 **"누룩을 없애라"**입니다.

바리새인들의 누룩을 주의하라 하심은 누룩의 부패한 성분을 일컬음입니다. 이는 경건의 본질은 사라지고 형식만 남아있는 신앙생활의 암적 요소입니다.

어리석은 한 부자청년의 비유는 물질에 대한 개념과 영혼에 대한 이해를 더하여 줍니다.

행할 일을 위하여 기도하고 염려하지 말 것은 순종하고 따르는 자에게 성령께서 도우시고 이루시기 때문입니다. 또한 은 열 므나의 비유를 말씀하심은 전도의 사명은 누구에게나 동일하게 있음을 알려주십니다.

하나님의 지혜는 스스로 슬기로운 자들에게 숨기시고 어린 아이와 같은 자들에게 나타내십니다. 토기장이의 손에 들린 한 줌의 흙이 아름다운 그릇이 되는 것처럼 하나님은 어린아이와 같은 자들을 들어서 하나님의 나라를 만드십니다.

**묵상시**

갑추인 것이 드러나고
숨겨진 것이 알려지나니
바리새인의 외식을 주의하라
어두운 데서 말한 것이
광명한 데서 들리고
귀에 대고 말한 것이
지붕위에 전파되리니
바리새인의 누룩에 주의하라

형식의 누룩을 없애고
순풍에 빙글빙글 둘러앉아
세상을 향해 꽃바람 나부껴라
가시나무가 빽곡히 두르고 있지만
십자가 높이 치켜들고
하늘 향해 노래 불러라
태양 아래 어둠 사라지듯
십자가 아래 죄악 사라지듯
사랑의 노래 불러라

# 누가복음 19~24장

오늘의 키워드는 **"승리하심"**입니다.

■ 일요일(19:28~44)
주님 예루살렘 입성하십니다.
■ 월요일(19:45~48)
성전을 정화하시는 주님이 내 집은 만민
이 기도하는 집이라 말씀하십니다.
■ 화요일(20:1~22:6)
종교 지도자들의 애매한 질문에 주님은
여러 비유로 그들을 대합니다.
■ 목요일(22:7~53)
제자들과 최후의 만찬 후 감람산에서 기
도하시고 무리에게 끌려가십니다.
■ 금요일(22:54~23:55)
군중을 두려워하는 빌라도에게 주님은 십
자가형을 선고받고 죽으십니다.
■ 토요일(23:56)
주님께 흑암이 숨기지 못하며 밤이 낮과
같이 비추사 흑암과 빛이 같습니다.
■ 일요일(24:1~12)
주님이 부활하시니 안식 후 첫 날이요 이
날을 기념하여 예배를 드립니다.

인류를 죽기까지 사랑하시는 주님은 사명
다 이루시고 아버지께 가십니다.

### 묵상시

나귀를 타고 입성하시는 주님이
제자들과의 마지막 만찬을 나누시고
감람산에서 기도하시매
땀이 핏방울 같이 되었더라

아무런 죄 없음을 아는 빌라도는
군중을 두려워하여 사형을 언도하였고
주님은 죽임 당하셨도다

인간의 모든 죄를 대신하여 죽으심은
사탄이 승리한 것 같으나
인간을 죽음으로 끌고가려는
사탄의 음모가 실패함이라

주님이 살아나심은
사탄을 이기고 승리하심이요
믿는 자에게 영생이니
자녀들이여 부활의 소식을 전파하여라

# 요한복음 1~4장

오늘의 키워드는 **"영으로 오심"**입니다.

**묵상시**

태초에 말씀이 계시니라. 이 말씀이
하나님과 함께 계셨으니
이 말씀은 곧 하나님이시니라.
그 안에 생명이 있었으니 이 생명은
사람들의 빛이라.
영접하는 자 그 이름을 믿는 자들에
게는 하나님의 자녀가 되는 권세를 주
셨음이라.

어두움 속에서 태양을 기다리는 샛
별처럼, 오랜 침묵을 깨고 주의 길을
예비하는 자가 있으니 그 이름은 세례
요한 입니다.

물이 포도주 되는 기적은 예수의 신
성의 한 표징입니다. 그는 성전의 장사
치들을 질책하고 "너희가 성전을 헐라
내가 사흘 동안에 일으키리라" 하셨으
니, 이는 죄악으로 인하여 캄캄한 세상
을 자신의 죽음으로 구하시고 사흘 만
에 다시 살아나리라 하심과 같습니다.

태초에 말씀이 계시니라
말씀이 하나님과 함께 계셨으니
이 말씀은 곧 하나님이시라

사람이 말로써 자신의 생각을 알림 같이
하나님이 말씀을 통하여
자신의 마음을 알리셨나니
말씀은 곧 그리스도시라

요한은 그리스도를 맞이하는
외치는 자의 소리요
그리스도는 우리를 향한 하나님의 마음이시라

말씀이 육신이 되어 우리 가운데 거하심은
그리스도의 성육신 하심이요
그리스도는 독생자獨生者시요
우리가 그리스도의 영광을 보니
그리스도는 이 땅에 영으로 오심이라

# 요한복음 5~12장

오늘의 키워드는 **"치유와 사역"**입니다.

묵상시

안식일의 병 고침에 대한 유대인들의 반발은 그들이 아직 율법의 조항에 묶여있기 때문입니다. 사람을 구하러 오신 주님은 배고픈 군중에게 오병이어의 기적을 통해 먹이시고, 바다 위를 걸으시고, 생명의 떡이 되시며 복음을 증거합니다.

누구든지 목마르거든 내게로 와서 마시라고 하십니다. 주님을 믿는 자는 성경에 이름과 같이 그 배에서 생수의 강이 흘러나오리라 하셨으니 이는 성령의 충만함이 그에게 임할 것을 말씀하십니다.

도둑이 오는 것은 도둑질하고 죽이고 멸망시키려는 것뿐이요, 주님이 온 것은 양으로 생명을 얻게 하고 더 풍성히 얻게 하려는 것입니다. 주님은 선한 목자입니다. 한 알의 밀알이 땅에 떨어져 죽음 같이, 선한 목자가 양을 위해 목숨을 버림같이, 주님이 십자가 위에서 죽으십니다.

안식일에 병 고치고
안식일에 먹는 것을 트집 잡아
아직도
율법 조항에 묶여있더냐

거룩한 절기를 지키고
거룩한 음식을 먹으며
할례의 우월성을 말하지만

주님은 오히려
병든 자를 고치시고
주린 자를 먹이시고
가난한 자에게 복음을 전하십니다

주님의 행하심은
우리를 치유하심은
안식일을 존중하는 것이요
우리를 구원하시려 하심이라

# 요한복음 13~17장

오늘의 키워드는 **"주님은 포도나무"**입니다.

한 알의 밀알을 통해 죽음의 가치를 보여주신 주님이 이번에는 제자들의 발을 씻기시는 모범을 통해 사랑의 새 계명을 보여주십니다.

또한 포도나무의 비유를 통해 생명의 원리를 말씀하시는 주님은 길이요 진리요 생명이십니다.

너희가 나를 택한 것이 아니요 내가 너희를 택하여 세웠다 하심은 가지가 나무를 택하였음이 아니요 나무에서 가지가 나옴입니다. 인간을 향한 하나님의 사랑은 봄날의 따스함 위에 피어나는 꽃과 같이 아름답고 구원의 좋은 열매를 맺기 위함입니다.

주님은 참 포도나무요 우리는 가지이니 주님은 힘의 근원이요 우리는 그 힘을 받고 자라는 가지입니다. 가지가 나무에 접붙힘 받으면 생명을 얻음 같이, 주님을 믿으면 누구든지 구원에 이릅니다. 구원은 유대인에게만 있음이 아니요 그리스도를 믿으면 어느 민족 누구든지 구원에 이릅니다.

**묵상시**

가지가 나무를 택함이 아니요
나무가 가지를 택하였나니
가지는 나무의 양분을 먹고 자라며
나무의 열매를 맺음이라

사람이 주님을 택함이 아니요
주님이 먼저 사람을 택하셨나니
성령의 임재 아니면
아무것도 이룰 수 없음이라

예수님은 참포도나무요
나는 가지라
가지가 나무에 붙음 같이
주님께 붙어 있으면 살리라

# 요한복음 18~21장

오늘의 키워드는 **"승리하심"**입니다.

인간들의 죄를 대신해서 죽으려고 오신 주님은 예정대로 인간의 법정에 서십니다. 그리고 유죄 선고를 받으시고 십자가에서 죽으십니다.

주님의 죽으심은 인류의 죄를 짊어지고 죽으심이요, 주님의 부활하심은 인류의 구원을 위한 부활입니다. 배신으로 얼룩진 한 주간의 고통은 십자가의 승리로 이어지며, 성도의 구원을 이루시는 주님의 찬란함은 태양처럼 밝게 인간의 길을 열어주십니다.

주님은 성경의 예언대로 죽으신지 사흘만에 부활하십니다. 성전을 헐라 내가 사흘만에 세우리라 하심을 이루시고 새 계명을 주셨으니, 주님이 주시는 새 계명은 사랑입니다. 주님을 사랑하는 것은 그분께 붙어있어 열매를 맺는 것이요. 열매를 맺는 자는 生命이 있음이요. 생명이 있는 자는 주님 나라를 선포하며 달려가는 지팡이요, 가꾸어야 할 농부입니다.

**묵상시**

아버지의 농장에
무성한 많은 나무들
좋은 열매 맺지 못하여
베임당할 위기에 처해있네

농부의 아들이
그곳에 이르러
모든 나무 대신하여
죽임 당했으니
생명의 싹이 돋아남이라

예수님은 참포도나무요
아버지는 농부라
나무에 떨어져있으면 죽으나
나무에 붙어있으면 열매를 맺나니
예수를 믿는 자는
영생을 얻으리라

# 사도행전 1~7장

오늘의 키워드는 **"성령"**입니다.

성부 하나님의 창조 사역에 함께하셨던 성자의 하나님은 이 땅에 오시어 인간 구원의 일을 담당하셨습니다. 그리고 부활하시고 승천하시면서 성령 하나님이 행하실 것을 말씀하십니다.

성령이 임해야 권능을 받습니다. 권능 받은 자의 해야 할 일은 예루살렘과 땅 끝까지 복음 전파하는 일입니다. 이것은 주님의 명령이요 우리가 힘을 다해 따라야 할 의무입니다.

예루살렘 교회는 복음 전파를 위해 일곱 집사를 세웁니다. 그 중 스데반의 설교와 죽음은 왕의 불의를 지적하던 스가랴의 죽음처럼(대하 24:20~21), 생명 다하도록 복음 전파하는 사명자의 모습입니다.

지금 나의 모습은 보잘것 없으나 성령이 임하시면 가능합니다. 앉은 자를 일으키는 베드로의 능력이 나타나고, 죽음 앞에서도 굴하지 않고 전파하는 스데반의 담대함을 주시고, 하늘이 열리는 모습을 보여주십니다.

**묵상시**

스데반이 죽음 앞에서 담대히
하늘을 우러러 주목하여
하나님의 영광을 바라봄은
성령님이 함께 하심 때문이요

단단했던 예루살렘 교회가
박해를 받아서 뿔뿔이 흩어짐은
복음 전파를 위한
성령님이 역사하심 때문이요

내가 복음 안에서 흐트러짐 없이
담대히 걸을 수 있음은
세상은 타협의 대상이 아니요
성령님의 승리하심 때문이요

우리가 지치지 않고
통독의 수레바퀴를 함께 돌림은
내 안에 가득한
성령님의 도우심 때문이라

# 사도행전 8~12장

오늘의 키워드는 **"복음 확산"**입니다.

묵상시

스데반의 순교와 기독교인들에 대한 박해는 잠잠했던 예루살렘 교회의 이방 선교를 알리는 찬란한 타종입니다. 빌립을 통해 간다게의 내시에게 복음이 들어가고, 살인 방조자 사울이 변화되어 전도자가 되며, 고넬료를 통하여 유대인에게 한정된 고정관념이 벗어지며 베드로의 이방 사역의 문이 열립니다.

성령의 주도하에 여러 일들이 일어났으며 이방인들도 성령을 받습니다. 스데반의 순교 사건으로 말미암아 흩어졌던 자들이 헬라인에게도 복음을 전하였으니, 복음 전의 영역이 이제는 이방인에게로 점차 확대되어 가게 됩니다.

성령충만한 사도들의 움직임이 이방 사람들에게 복음을 나르는 수레바퀴로 사용되고 있는 것처럼, 천국에 이르도록 달려야 할 150통독열차도 사마리아와 땅 끝을 누비는 사명 이루기까지 나의 가장 소중한 사람과 이웃을 초대하며 함께 달려가기를 소망합니다.

한 알의 밀알처럼
스데반의 순교의 씨앗이
땅에 떨어짐은
이방 나라를 향한 예루살렘 교회의
선교를 알리는 타종인가

고넬료를 통한
베드로의 고정관념의 벗어짐은
선민의식에 갇힌 유대인이
세상을 향해 문을 여는
선교를 알리는 타종인가

복음을 든 자들아.
시위를 당겨라
척박한 땅에서
생명의 싹이 피어나도록
복음의 수레바퀴를 힘껏 돌려라

# 사도행전 13~21장

오늘의 키워드는 **"이방 전도"**입니다.

■ 1차 전도여행(13~15:35)

안식일에 안디옥 회당에서 복음을 전하지만 유대인들은 복음을 거부합니다. 이방인들이 복음을 믿어 그 지방에 복음이 전파되니 이방인의 구원을 예루살렘 회의에서는 명확히 인정합니다.

■ 2차 전도여행(15:36~18:22)

바울은 성령의 인도하심 따라서 마게도니아로 갑니다. 감옥에 갇힌 바울과 실라는 찬송의 역사로 감옥 문이 열림을 보며, 데살로니가와 아덴과 고린도까지 전도의 길이 열립니다.

■ 3차 전도여행(18:23~21장)

두란노에서 2년 간의 사역을 마친 바울은 자신의 최후의 사명인 로마에서의 전도를 위하여 예루살렘으로 가기로 결심합니다.

나는 주를 위해 결박 당할 것이요 예루살렘에서 죽을 각오도 하였노라는 바울의 고백이 우리의 고백이 되며 이방 전도를 위한 신실한 다짐이 되기 원합니다.

묵상시

바울은 왜
40에 하나 감한 매를 다섯 번 맞고
강의 위험 동족의 위험 당하며
목마르고 굶고 헐벗으며
복음을 전하는가

이 땅에 찾아와 죽어갔던
수많은 선교사들과
방학이 되면 선교지를 향하는
이 땅의 수많은 젊은이들은 왜
복음을 전하는가

주님이 하늘 보좌 버리고
이 땅에 오심은
에덴에서 쫓겨난 인류를 위해
십자가의 고통 당하시고
구원하시기 위함입니다

# 사도행전 22~28장

오늘의 키워드는 **"변증"**입니다.

**묵상시**

■ 예루살렘에서(22~23:30)

거짓 증언 하는 자들 때문에 죽게 된 바울은 자신을 압송하는 천부장의 허락을 받고 백성 앞에서 복음을 전합니다. 이때 부활 문제로 바리새인들과 사두개인들이 서로 다투며, 40인의 살인 특공대가 바울을 죽이려 합니다.

■ 가이사랴 앞에서(23:31~26장)

벨릭스 앞에서의 증언, 베스도의 재판, 아그립바 앞에서의 청문회를 받습니다. 바울은 그들 앞에 서는 것을 오히려 복음 전하는 기회로 알고 담대하게 자신의 신앙을 변증합니다.

■ 로마에서(27~28장)

로마로 압송되는 바울은 자신의 생존은 생각지도 않고 오직 로마에서 복음 전하려는 열정으로 가득 차있습니다.

예루살렘으로 가는 것을 만류했으나 땅 끝까지 복음을 전하려는 바울의 계획 앞에서 죽음도 결코 그를 가로막지 못합니다.

개구리가
우물 밖을 알 수 없음 같이
헬레니즘 철학자가
천국의 진리를 알 수 없음 같이

하나님의 신비를
인간의 이성이 어떻게 풀며
우주의 신비를
인간의 감성이 어떻게 풀 수 있으랴

우리의 지식으로도
우리의 상식으로도
진리를 알 수 없으나
성령님이면 모든 것 해결됨이라

# 로마서 1~8장

오늘의 키워드는 **"칭의"**입니다.

묵상시

■ 믿음으로 의롭다 함을 얻음(1~4)

　사람이 의롭다 하심을 얻는 것은 율법의 행위에 있지 않고 믿음으로 됩니다. 아브라함의 믿음을 의롭다 하신 것은 그가 하나님의 명령을 듣고 바로 실행에 옮기는 순종 때문입니다.

■ 칭의의 결과(5~8)

　아담이 순종하지 않음으로 인하여 모든 사람이 죄인 된 것처럼, 예수 그리스도의 순종으로 인하여 많은 사람이 의인이 됩니다. 의로움의 기준은 도덕이나 윤리나 율법이나 행위가 아니고 내 안에 예수 그리스도가 있느냐 없느냐 입니다. 예수를 믿음으로 의롭게 되나니 칭의는 하나님이 주시는 은혜입니다.

　모세의 율법으로는 모든 사람이 죄인입니다. 주님은 십자가로 그 율법을 완성하셨습니다. 이것이 렘31장의 새 언약을 신약에서 이루시는 것입니다. 롬7장은 죽음의 율법이요, 롬8장은 생명의 성령의 법입니다. 믿음으로 의롭다함을 받은 자들은 성령을 의지하며 생명의 법을 따르는 것입니다.

의로운 자 한 사람을 찾으려고
길을 막고 찾아보았습니다
철학이나
도덕이나
선행하는 사람 많으나
의로운 자 한 사람이 없습니다

죄인들이 많은 동네에
의인도 많았음은
그들이 죄인인 것을 알고
예수의 피에 스스로
몸을 담구었기 때문입니다

의로우신 하나님이
죽을 수 밖에 없는 인간을
의롭다 칭하심은
하나님은 본디 의로우시기 때문이요
그의 아들을 믿는 자를
구원하시기 위함입니다

# 로마서 9~11장

오늘의 키워드는 **"이방인의 구원"**입니다.

율법과 복음이 상존하던 시기에 바울은 구원에 이르는 길을 명확하게 밝힘으로 구원에 대한 오류를 바로잡습니다.

이스라엘 백성이 구원 받음은 하나님의 주권적인 택함 때문이지만 복음 안에서 이루어지는 것입니다.

유대인들이 생각하는 구원은 거룩한 절기, 거룩한 음식, 할례를 통하는 것입니다.

그러나 9:8에서 "육신의 자녀가 하나님의 자녀가 아니요 오직 약속의 자녀가 씨로 여김 받느니라" 하십니다.

11:17에서 돌감람나무(이방인)가 참감람나무(예수 그리스도)에 접붙힘 받으면 뿌리의 진액을 받음 같이 어느민족 누구이든지 그리스도에 붙어있으면 구원에 이르는 것입니다.

누가 주의 마음을 알겠느냐?

누가 그의 모사가 되겠느냐?

깊도다 하나님의 지혜와 지식의 풍성함이여...

묵상시

유대인이 생각하는 구원은
거룩한 절기
거룩한 음식
할례의 유무에 따른
율법으로 구원을 받는 것입니다

율법과 복음이 상충할 때
구원의 원리를 정확히 표현했으니
구원은 혈통으로가 아니요
오직 약속의 자녀라야 받음이라

참감람나무인 예수께 접붙힘 받으면
누구든지 구원 받으리니
깊도다 하나님의 지혜와 지식의
풍성함이여...

# 로마서 12~16장

오늘의 키워드는 **"그리스도인의 생활"**입니다.

로마서의 기본 교리가 이신칭의(믿음으로 의롭다함을 얻음)입니다. 그런데 주님을 믿음으로 구원 받았다고 말하며 자신들의 삶의 태도가 망가져있는 많은 사람들을 봅니다.

어떤 사람들은 구원 받았으므로 더 이상은 죄를 짓지 않는다고 말하기도 합니다. 요일1:8~9을 보면 그 주장의 허구성이 드러납니다.

바울은 구원 받은 자의 삶의 태도를 "너희 몸을 하나님이 기뻐하시는 거룩한 산 제물로 드리라"고 명시합니다. 믿음으로 구원에 이르고 거룩함으로 영적 예배를 드리라 하십니다. 이것이 성도의 행할 신앙의 기본 토대입니다.

모든 백성이 구원에 이르기를 바라시며

모든 백성이 거룩한 산 제물로 드리라는

하나님이 주시는 선교의 메시지는 야고보서의 행함이 있는 믿음으로 연결됩니다.

## 묵상시

아무 공로 없이
믿음으로 구원 얻었다고
그 구원을 공짜로 생각하며
아무렇게 살아도 되겠는가

너희 몸을 하나님이 기뻐하시는
거룩한 산 제물로 드리라 하시니
믿음으로 구원에 이르고
거룩함으로 영적 예배를 드리라

하나님이 선하시고 기뻐하시고
온전하신 뜻을 분별하며
죄의 속성을 누르고 달려가자
성화를 넘어 영화로움 되기까지...

# 고린도전서 1~6장

오늘의 키워드는 **"고린도인들에게"**입니다.

교통의 중심지 고린도는 우상이 만연하고 타락한 곳입니다. 그곳에 세워진 고린도 교회는 신분과 생활수준의 차이가 심하여 분열과 격차를 해결하지 못했습니다. 복음을 들었던 자들은 저마다 바울파 · 아볼로파 · 게바파 · 그리스도파로 나뉘어 심한 분쟁을 겪습니다.

유대인은 표적을 구하고 헬라인은 지혜를 구하지만 바울은 십자가에 못 박히신 그리스도를 전합니다. 그리고 성령 안에서의 화합을 말합니다. 바울은 심었고 아볼로는 물을 주었으되 오직 하나님께서 자라게 하십니다.

교회 안의 음행한 자에 대하여 "이런 자를 사탄에게 내어주었으니 육신은 멸하고 영은 주 예수의 날에 구원을 받게 하려"합니다. 그 죄악을 부패하는 누룩으로 간주하며 순전함과 진실함을 강조합니다. 이런 자를 사탄에게 내어주어 육은 죽게 하고 회개하고 돌아오는 자의 영은 구원 받게 합니다(롬8:5~11참조)

### 묵상시

고린도인처럼이라는 별명까지 붙은
타락의 대명사 고린도에
복음이 들어갔네

분열과 혼란과 음란이 가득하였으나
복음의 단비는 내리어
거리마다 가득한 누룩을 씻어내고 있네

하나되지 못하여 흩어진 파벌
바울은 심고
아볼로는 물을 주고
자라게 하시는 이는 하나님이시니

오직 복음으로
오직 성령으로
오직 사랑으로
주저앉은 도시 새롭게 변하기까지...

# 고린도전서 7~16장

오늘의 키워드는 **"사랑으로"**입니다.

혼자 사는 자들에게 결혼의 정의를, 우상에게 바친 제물을 먹는 이들에게는 하나님이 만물의 주인이심을, 그 음식으로 인해 발생할 부작용에 대하여는 조심할 것을 말하며, 모든 것을 하나님의 영광을 위하여 하라 하십니다.

또한 교회 전체를 하나되게하기 위하여 각자의 은사를 사모할 것을 말합니다. 사랑의 우월성과 교회 안에서의 질서를 말하며 성도의 화합을 중요시합니다.

첫 사람 아담이 이 땅에 죽음을 주었으나 그리스도께서는 죽은 자 가운데서 다시 살아나시어 잠자는 자들의 첫 열매되심과 그리스도 안에서 모든 자들이 삶을 얻을 것을 말합니다. 즉 이 부활은 흙에 속한 자와 하늘에 속한자에게 따로 적용되는데, 흙에 속한 자는 사망에 이르며 예수그리스도로 말미암는 자는 생명에 이르게 됩니다.

### 묵상시

우상에게 바친 제물을 먹는 문제로
고민 하는 것은
그로인해 한 영혼이라도 실족할까
두려움이요
우상에게 바쳤으나
실체가 없는 것에 바침이니
아무런 거리낌이 없음이라


술, 담배가 무슨 죄냐고 묻는이에게
그로인해 한 영혼이라도 실족하면
어떤 책임을 질 것인가 묻는도다
그것이 몸에 해롭지 않더라도
그로 인해 죄악이 들어오며
사람을 범죄케 만드나니


하나님을 사랑하는 자마다
입에 들어가는 것은 물론이요
입에서 나오는 것들을 주의하여라
오직 중요한 것은
우리 주 예수 그리스도가
내 안에 있고 없음이로다

# 고린도후서 1~7장

오늘의 키워드는 **"권면"**입니다.

바울이 고린도 교회의 방문을 연기한 것은 문제가 스스로 해결되기를 기다림과 회복에 대한 확신 때문입니다.

징계 받은 자들을 용서할 것을 말하며 성도의 삶이 그리스도의 향기가 될 것을 말합니다.

또한 성도는 그리스도의 편지요, 그리스도 예수의 주 되신 것을 전파하는 자요 ,보배 되신 그리스도를 담은 질그릇입니다.

사방으로 우겨쌈을 당하여도 싸이지 아니하며, 박해를 받아도 버린 바 되지 아니하는 것은 능력이 하나님께 있기 때문입니다. 우리가 항상 예수와 함께 동행함은 예수의 생명이 우리 몸에서 피어나기 때문입니다.

누구든지 그리스도 예수 안에 있으면 새로운 피조물입니다. 주님이 우리의 화목을 위하여 의로움이 되셨습니다. 예수 그리스도를 믿는 자마다 이전 것은 지나갔으니 보라 새 것이 되었도다.

**묵상시**

말씀을 사모하는 자
그리스도를 담은 보배로운 질그릇이요
말씀이 없는 곳에
세상 냄새가 풍기는 곳에 피어나는
그리스도의 향기요
주님을 알지 못하여 헤매는 곳에 보내는
그리스도의 편지로다

세상이 아무리 험악하여도
우겨쌈을 당하지 아니하고
아무리 박해를 받아도
버린 바 되지 아니하나니
그리스도를 믿는 자
이전것은 지나갔으니 새것이 되었도다

# 고린도후서 8~13장

오늘의 키워드는 **"권면"**입니다.

마게도니아의 모본을 소개함은 연보의 중요성 때문입니다. 연보는 자신을 먼저 하나님께 드리는 것이며 물질의 실천이 뒤따릅니다. 이는 믿음이 행함으로 나타나기 때문에 인색함이나 억지가 아닌 즐거워하는 마음을 원하십니다. 하나님은 이러한 모습을 원하시며 행하는 자에게 넘치는 은혜로 도우십니다. 이것이 하늘의 계산법입니다.

바울은 하나님의 일을 대적하는 자들을 나무랍니다. 하나님의 지혜는 모든 이론을 무너뜨리고 모든 생각을 사로잡아 그리스도에게 복종하게 합니다.

사탄이 교회의 분열을 책동하고 성도를 무너뜨리려 하지만 하나님의 강함은 그것을 무너뜨리는 견고한 진입니다.

지금의 삶이 바쁘고 힘들지만 주님의 깃발을 들고 나서는 통독 식구들에게 하나님의 강함이 임하기를 소망합니다. 연약함을 인정하고 주님을 청하는 곳에 하나님의 견고한 진이 세워집니다.

묵상시

친구야
주안에서 만나서 다짐하던
그 날이 몇 해이더냐
그리스도의 향기라 부르며
세상을 향해 거닐던 너에게서
지금은 무슨 냄새가 나는지
궁금하구나

오랜 세월 인생의 가마솥에서
얼마나 잘 구워졌는지
아니면 식어서 깨어져버렸는지
궁금하구나

누구든지 그리스도 안에 있으면
새로운 피조물이라 하셨으니
행여 주님 떠나 멀리 가거든
지나간 날 들 붙들지 말고
다시 한 번 주님께로 돌아와 새롭게
살아보자구나

# 갈라디아서 1~6장

오늘의 키워드는 **"믿음"**입니다.

그리스도께서 자신의 몸을 주심은 아버지의 뜻에 따라 우리의 죄를 대속하기 위하심입니다.

사람이 의롭게 되는 것은 율법의 행위가 아니요 오직 우리를 위해 죽으신 예수 그리스도를 믿는 믿음 때문입니다.

그러므로 내가 그리스도와 함께 십자가에 못 박혔나니 이제는 내가 사는 것이 아니요 오직 내 안에 그리스도께서 사시는 것입니다.

율법은 그리스도께로 인도하는 초등교사의 역할이고 행함을 요구하지만, 복음은 믿음을 요구하며 믿음으로 의롭다 함을 얻습니다.

육체의 소욕은 성령을 거스르고 성령은 육체를 거스르나니 육체의 일은 음행과 더러운 것이요 성령의 열매는 사랑과 희락과 화평과 오래 참음과 자비와 양선과 충성과 온유와 절제로 우리의 삶 속에서 나타납니다.

## 묵상시

율법의 행위로 구원 받는다면
자신의 의로움 때문이요
주님의 도우심이 필요없는 자라
만약 자신의 행위로 도움받는다면
자신이 천국을 지으면 될 것이지
하나님의 도움이 왜 필요하리요

하나님 앞에서는 누구든지
율법으로는 의롭지 못하나니
오직 의인은 믿음으로 살리라
율법으로 구원 받음이 아니나니
율법은 구원법이 아니고 성민법이라

그리스도께서 나를 위해 죽으시고
나의 죄를 사하셨으니
이제는 내가 사는 것이 아니요
내 안에 그리스도가 사는 것이라
내가 육체 가운데 사는 것은
나를 위해 죽으신 그리스도를 믿는
믿음 안에서 사는 것이라

# 에베소서 1~6장

오늘의 키워드는 **"연합"**입니다.

죄로 인하여 죽을 수밖에 없는 우리가 구원에 이를 수 있음은 하나님이 주신 은혜요 선물입니다. 그 구원은 주님의 성육신하심과 십자가에서의 죽으심으로 완성되었으니 주님의 십자가는 우리를 하나님과 연결해주는 다리 역할입니다.

부르심을 받은 자가 겸손과 온유와 사랑 가운데 서로 하나 됨은 성령으로 가능합니다.
우리에게 주신 선물의 분량대로 은혜를 주셨으니 각 사람은 자신이 맡은 직분대로 충성하는 것이요 그리스도의 교회(건물을 말함이 아님)를 세우는 것입니다.

주님이 자신을 버리고 향기로운 제물과 희생의 제물이 되신 것처럼 우리는 그리스도를 본받아야 합니다. 우리 안에 있는 음행과 우상숭배와 탐욕과 온갖 더러운 것을 버리고, 착함과 의로움과 진실함에 거하는 빛의 열매로 사는 것이 주님을 따르는 길이며 성도의 연합을 이루는 길입니다.

### 묵상시

구원은 하나님이 베푸시는 은혜요
믿음이 있는 자에게 주시는
하나님의 선물이라네
철학이나
선행이나
과학이나
의로움으로 갈 수 없는 길

그 구원을 위하여
예수 그리스도께서 친히
자신의 몸을 죽음으로
십자가의 다리를 놓으셨으니
땅에서 하늘로
흑암에서 광명으로 향하는
찬란한 구원의 길을
열으셨음이라

# 빌립보서 1~4장

오늘의 키워드는 **"그리스도 안에서"**입니다.

옥에 갇힌 바울이 빌립보 교인들을 돌볼 수 있음은 자신 안에 주님이 들어와 계시기 때문입니다.

나의 간절한 기대와 소망이 아무 일에든지 부끄럽지 아니하고, 온전히 담대하여, 살든지 죽든지 내 몸에서 그리스도가 존귀히 되게 하려 함이니, 이는 내게 사는 것이 그리스도니 죽는 것도 유익함 때문이라.

바울은 성도들에게 그리스도의 십자가를 지기까지 낮아지심의 모습을 본받아 겸손할 것을 말합니다.

모든 것을 해로 여김은 그리스도를 아는 지식이 가장 고상하기 때문이니 모든 것을 배설물로 여기며 예수 그리스도의 푯대를 향하여 달려가노라

아무것도 염려하지 말고 기도와 간구로 하되 무엇에든지 경건하며 옳으며 사랑 받을 만하며 칭찬 받을 만하여야 할지라.

내가 궁핍함에 자족하기를 배웠음이니 내게 능력 주시는 자 안에서 내가 모든 것을 할 수 있느니라.

**묵상시**

옥이 갇혀있었으나
한탄하지 아니하고
오히려 타인을 걱정함은
그 안에 그리스도가 있기 때문이요

모든 것을 해로 여기며
지식까지 배설물로 여김은
그리스도를 아는 지식이
모든 지식보다 고상하기 때문이요

내 갈 길 멀고 험해도
지치지 아니하고 푯대를 향해 달려감은
내 안에 그리스도가 계시기 때문이요

내가 궁핍하여도 흔들리지 아니하고
담대히 세상을 품는 것은
내가 자족하기를 배웠음이요
내게 능력 주시는 자 안에서
모든 것을 할 수 있음이라

# 골로새서 1~4장

오늘의 키워드는 **"그리스도를 힘입어라"**입니다.

묵상시

그리스도는 만물보다 먼저 계시고 만물이 그 안에 있습니다. 그는 교회의 머리시며 근본이요 부활하신이시니 천하 만물의 으뜸이십니다.

그가 십자가에서 대속의 피를 흘리심은 하늘이나 땅에 있는 것들에게 화목을 주려 함입니다.

그러므로 우리가 그를 전파하여 가르침은 각 사람을 그리스도 안에서 완전한 자로 세우려 함입니다.

허다한 무리가 거짓 철학이나 헛된 속임수로 유혹하지만 너희는 그리스도를 힘입어 그들을 척결하고 교회를 바로 세우라.

너희는 하나님이 택하사 거룩하고 사랑 받는 자처럼 긍휼과 자비와 겸손과 온유와 오래 참음의 옷을 입고 피차 용서하고 모든 것 위에 사랑을 더하며 주 예수의 이름으로 할지어다.

만물을 지으실 때 함께하셨고
만물보다 먼저 계신 이가
이 땅에 오시어
자신을 무너뜨리고
십자가의 다리를 놓으시사
인류 구원의 길을 열어놓으셨으니

허다한 무리가
거짓 진리를 퍼트리매
세상이 부패하여지거늘

그리스도 말씀으로 무장하여
이단의 술수와 부패를 척결하고
그리스도의 사랑과 온유와
오래참음의 옷을 입고
기도의 모범을 따르며
거룩하고 진실한
하나님의 나라를 이루어라

# 데살로니가 전·후서

오늘의 키워드는 **"심판을 준비하라"**입니다.

■ **살전**(임박한 종말론, **이미**)

　바울은 유대인으로부터의 고난을 능히 견디는 데살로니가 교회를 칭찬합니다.

　주변에 만연한 음란을 버리고 거룩함을 좇아 생활할 것을 당부합니다. 종말을 준비하기 위하여 믿음과 사랑의 호심경을 붙이고 구원의 소망의 투구를 쓰며, 항상 기뻐하고 쉬지말고 기도하고 범사에 감사하라는 명령입니다.

■ **살후**(지연된 종말론, **아직**)

　아직 실현되지 않은 종말을 앞두고 거짓 교사들과 적그리스도가 출현합니다. 이는 주님의 재림 때에 거짓에 속한 자들은 구원 받지 못하는 것으로, 하나님이 미혹의 영을 저들에게 보내사 불의를 좋아하는 자들로 심판 받게 하려 함입니다.

　성도는 그리스도의 겸손을 배움으로 옛 사람을 벗고 새 사람을 입으며 참과 거짓을 잘 분별하여 종말에 대비해야 합니다.

**묵상시**

하나님의 뜻은 너희의 거룩함이니
음란을 버리고 분수를 지키며
주님 오시는 날에
하늘에서 울려퍼질 나팔 소리를 대비하라
너희는 다 빛의 아들이요
낮에 속하였으니
믿음과 사랑의 호심경을 붙이고
구원과 소망의 투구를 쓰자

주께서 우리를 위하여 죽으심은
자기와 함께 우리를 살리려 하심이니
너희는 서로 권면하여 덕을 세우며
항상 기뻐하고
쉬지말고 기도하고
범사에 감사하라
이것이 그리스도 예수 안에서
너희를 향하신 하나님의 뜻이니라

# 디모데 전·후서

오늘의 키워드는 **"경건의 훈련"**입니다.

디모데전서에서는 유대의 율법주의와 헬라 사상을 기반으로 한 거짓 교리가 만연한 에베소 교회를 경고하며 교회의 하나됨을 강조합니다. 또한 직분자가 갖추어야 할 덕목으로 생활의 모범과 진리를 가르칠 것을 말합니다. 그리스도의 좋은 일꾼이 되기 위한 경건의 훈련으로는 망령되고 허탄한 신화를 버릴 것과 자족하는 마음을 가질 것과 믿음의 선한 싸움을 싸우라고 말합니다.

디모데후서에서는 복음을 전하는 자들이 받는 고난에 대하여 두려움으로가 아닌 능력과 사랑과 절제의 마음으로 대할 것을 말합니다.

또한 전도자를 좋은 병사로, 경기하는 자로, 수고하는 농부로 비유하여 성실하게 수고할 것을 당부합니다. 때를 얻든지 못 얻든지 말씀 전파를 힘쓰며 시간과 환경을 초월한 전도자의 사명을 감당하기를 권면합니다.

묵상시

그리스도의 좋은 병사는
그리스도와 더불어 고난을 받는 자요
병사로 복무하는 자는
자기 생활에 얽매이는 자가 아니며
그를 부르는 자를 기쁘게 하려 함이요
경기하는 자가 법대로 경기하지 아니하면
승리자의 관을 얻지 못하리라

사람들이 자기를 사랑하므로
교만하여 비방하며
부모를 거역하며 감사하지 아니하며
쾌락을 사랑하기를
하나님 사랑하는 것보다 더하나니
경건의 모양은 있으나
경건의 능력이 없는 자는
경건의 훈련이 필요함이라

# 디도서, 빌레몬서

오늘의 키워드는 **"편지"**입니다.

## ■ 디도서

영지주의와 유대주의가 성행한 그레데 교회를 바로잡기 위해 디도에게 장로와 감독의 필요성과 자격을 말합니다.

계층간의 지켜야 할 본분과 지도자의 다스림에 관한 내용입니다. 선한 일을 보이고 부패하지 말며 바른 말 할 것을 당부합니다. 서로 화목하고 이단에 속한 사람은 한두 번 훈계한 후에 멀리할 것을 당부합니다.

## ■ 빌레몬서

바울이 감옥에서 만난 오네시모를 위해 빌레몬에게 받아줄 것을 간구하는 내용입니다. 로마의 법으로는 도망친 자는 사형을 당하지만 회심한 그를 용서하며 사랑 받는 형제로 대할 것을 당부합니다.

디도에게는 목회의 지침과 종의 자세와 선행을, 빌레몬에게는 용서를 당부한 것처럼, 우리의 본분은 믿음의 형제에게나 믿지 않는 자들에게 전해야 할 그리스도의 편지입니다.

묵상시

금 그릇, 은 그릇
나무 그릇, 질 그릇이 있나니
쓰는 자의 마음에 따라
귀하게도 천하게 쓰는도다

자기를 깨끗하게 준비한 그릇은
귀히 쓰이나니
선한 일을 담을 수 있도록
그릇을 닦아야 하리라

청년의 정욕을 피하고
깨끗함으로 주를 부르는 자
의와 믿음과 사랑과 화평으로
주 앞에 나아가야 할지니

너는 사람들에게 보여지는
그리스도의 얼굴이요
세상에 보냄 받는
그리스도의 편지로다

# 히브리서 1~13장

오늘의 키워드는 **"그리스도"**입니다.

예수가 구약의 약속을 성취하신 분인 것을 증거합니다.

예수는 만유의 상속자요 하나님의 영광의 광채시요 그 본체의 형상이시라. 그의 말씀으로 만물을 붙드시며 죄를 정결케 하시나니 인류의 구원을 위해 죽으시고 부활하심으로 인류구원의 예언을 이루십니다.

제사장들은 자신과 백성을 위하여 날마다 제사를 드리지만

큰 대제사장이신 주님은 단번에 자기를 드림으로 언약의 중보자가 되시며 영원한 제사를 이루셨습니다. 염소와 송아지의 피로 하지 아니하고 자기의 피로 하셨으니 구약의 제사는 그리스도의 모형이요 신약의 그리스도께서 단 번에 드리심은 제사의 원형입니다.

우리가 구원 받음은 그리스도께서 우리를 구하려고 죽으신 것을 믿는 것이니 믿음은 바라는 것들의 실상이요 보이지 않는 것들의 증거이며 구원에 이르는 길입니다.

**묵상시**

천사보다 더 크신 이가
만물을 지으신 이가
인간을 위해 죽기까지 낮아지심으로
이 땅에 오시었네

제사장은 평생 제사를 드렸지만
큰 대제사장이신 주님은
단번에 자기를 드림으로
영원한 언약의 중보자가 되심이네

말씀으로만 하지 않고
자신을 죽기까지 실천하였으니
구약은 그리스도의 그림자요
신약은 하나님의 선교를 이루는
구원의 본체로다

# 야고보서 1~5장

오늘의 키워드는 **"믿음"**입니다.

야고보서는 성화 단계로 가는 신앙생활의 지침서입니다.

시험을 참는 자는 복이 있나니 시련을 이긴 자는 주께서 생명의 면류관을 주실 것을 약속하십니다. 교회 내의 형제 차별을 금지하며 긍휼로 행하라 말씀하십니다. 행함이 없는 믿음은 그 자체가 죽은 믿음이라 하시니 이는 믿음으로 구원받는 자는 행함으로 그의 신앙이 온전함을 이루며 거룩과 성화로의 진입을 의미합니다.

성도는 항상 말과 행실을 주의하며 인내와 기도의 힘으로 주께 나아가는 것입니다. 말을 주의하며, 허탄한 마음을 버리고 인내로 기도하며 주의 재림을 기다려야 합니다.

히브리서가 믿음을 가르치면
야고보서는 믿음의 행함을 가르치나니
누구든지 믿노라 하는 자마다 행함이 있는
믿음으로 이어지는 것입니다.

### 묵상시

믿음으로 모든 세계가
하나님 말씀으로 지어진 줄 아나니
믿음으로 아벨은 가인보다 나은 제사를
믿음으로 에녹은 죽음을 보지 않고 천국을
믿음으로 노아는 방주를
믿음으로 아브라함은 순종을
믿음으로 사라는 잉태함을 얻음이라

믿음으로 홍해를 건너고
믿음으로 여리고성을 돌았으며
믿음으로 풀무불에서 살아났나니
행함과 믿음은 필요충분조건이라
믿음 없이는 하나님을 기쁘시게 못하나니
믿음으로 지어지는 인생의 집
주님을 본받아 걸어가며
온전한 신앙을 이루어야 하리라

# 베드로 전·후서

오늘의 키워드는 **"영적 성숙"**입니다.

묵상시

로마의 네로 황제 집권 당시에 장차 있을 환란을 예견한 베드로는 소아시아 교회들에게 종말을 생각하며 현재의 고난을 극복할 것을 말하며 이사야의 글을 인용합니다.

모든 육체는 풀과 같고 그 모든 영광은 풀의 꽃과 같으니 풀은 마르고 꽃은 떨어지되 오직 주의 말씀은 세세토록 있을지어다.

너희는 택하신 족속이요 왕같은 제사장들이요 거룩한 나라요 그의 소유가 된 백성이니... 아름다운 덕을 선포하게 하려 하심이라. 성도는 세상의 썩어질 것들을 피하고 그리스도의 신적 성품에 참여하는 믿음의 생활을 해야 합니다.

거짓 선지자들의 가르침을 따르지 아니하며 그들을 경계해야합니다. 말씀 위에 굳건히 서서 점도 없이 흠도 없이 평강 가운데 설 것을 말합니다. 믿음 · 덕 · 지식 · 절제 · 인내 · 경건 · 형제우애 · 사랑을 더해가며 하나님의 부르심과 택하심에 굳게 서서 주님의 날을 준비합니다.

네로는 불을 지르고
공산당은 총을 쏘아대고
이단은 거짓 진리를 뿌려대고
사탄은 문화를 출렁이네

장차 닥칠 환난을 준비하라
풀은 마르고
꽃은 떨어지나
오직 주의 말씀은 영원하나니
너는 현재의 고난을 견디어라

너는 택하신 족속이요
왕같은 제사장이요
그의 소유가 된 백성이니
말씀 위에 굳건히 서서
점도 없이 흠도 없이
영적 성숙을 이루어라

# 요한일 ·이 ·삼서, 유다서

오늘의 키워드는 **"이단 경계"**입니다.

요2, 요3, 유다서
오늘의 키워드는 "이단 경계"입니다.

양과 염소의 모습은 비슷하지만 그 성격은 다릅니다. 이단들도 처음에는 진리와 생활 윤리를 말하지만 나중에는 그들의 본색을 드러냅니다.

그들은 특징은
*육은 악하고 영은 선하다는 플라톤의 이원론을 근거로 하며 성적타락으로 발달하고
*한 번 구원 받으면 죄를 짓지 않는다고 말하며 죄를 짓고
*예수를 깎아내리고 그 자리에 교주가 올라 앉아 악행을 저지르고
*성경이 쓰여진 시기의 언어와 문화적 배경과 지식이 빈약한 상태에서 문자적으로 해석하는 오류를 범하여 예수의 자리를 침탈하는 악한 영입니다.

처음 접하는 내용이 좋다고 느껴지면 나중에 하는 말이 거짓이어도 그것을 여과없이 받아들이는 것이 인간의 속성입니다.
그러므로 성도는 말씀에 올바로 서야 하며 신앙의 순수성을 유지하기 위하여 이단 (악한 자들)과는 대화를 삼가고 그들을 경계해야합니다.

묵상시

양의 모습을 하고 있으나
염소는 말썽을 참을 수 없어
농장을 헤집고 다니고
양의 옷을 입었으나 늑대는
양들을 잡아먹나니

이단도 이와 같음이라

거룩한 체 하나 염소는
주인의 자리를 넘보고
겸손한 체 하나 늑대는
입에 피가 마르지 아니함 같이
그들은 음욕과 쾌락을 좋아하며
영혼을 삼키기를 즐겨하나니

너는 이단과의 대화는 삼가고
그들을 아주 쫓아내야 하리라

# 요한계시록 1~3장

오늘의 키워드는 **"계시"**입니다.

소아시아 지역의 타원형의 도로를 따라 펼쳐진 일곱 교회의 언급은 특징상의 대표성이 있음을 추측합니다.

\* 에베소 교회는 첫 사랑을 버렸음을 책망
\* 서머나 교회는 환난과 궁핍을 극복하였음으로 생명의 면류관을 약속
\* 버가모 교회는 육적 타락을 책망
\* 두아디라 교회는 섬김은 있으나 행음함을 책망
\* 사데 교회는 살았다는 이름은 있으나 행함이 없는 죽어있음을 책망
\* 빌라델비아 교회는 인내의 말씀을 지켰음으로 생명의 면류관을 받을 자라 칭찬
\* 라오디게아 교회는 차지도 덥지도 않은 믿음을 책망하였으니

일곱 교회의 언급은 참다운 교회의 모습이 무엇인지 알려줌이요. 장차 오실 그리스도의 날을 준비하라는 교훈이요 계시입니다.

### 묵상시

검은 구름이 몰려오면
비가 내리는 것이 이치이거늘
비 맞을 준비 아니하고
하던 일에 머무르는 자가 있더냐
타락한 자의 결말은 무엇이며
음행하는 자의 결과는 무엇이더냐

하나님은 길을 잃은 자에게
진리의 회복을 말씀하시며
죽도록 충성하라 명하셨으니
"누구든지 예수의 음성을 듣고 문을 열면
주님이 그에게 오신다" 하심이라

주님이 보여 주시는 계시가
꿈이나 환상으로 주어지기도 하지만
주님은 성경 말씀을 통하여
우리의 길을 계시 하여 주심이라

# 요한계시록 4~5장

오늘의 키워드는 **"하늘 예배"**입니다.

하늘 문이 열리고 나팔 같은 음성이 들리며 요한이 하늘 보좌에 앉으신 이를 바라봅니다.

보좌에 번개와 천둥소리가 나오고 그 앞에 일곱 등불이 타오르고 있으니 하나님의 일곱 영이라. 이십사 장로들과 네 생물이 보좌를 호위하며 밤낮 쉬지 않고 만군의 하나님을 찬양하니라.

보좌에 앉으신 이의 오른 손에 일곱 인으로 봉해진 책이 있으나 그 책을 펴거나 볼 자가 하나도 없으니 요한은 울음을 터트리는도다.
그곳에 어린양이 서 있는데 마치 죽임 당한 것 같으며, 일곱 눈과 일곱 뿔이 있으니 이는 하나님이 보내신 일곱 영이로다.

어린 양이 책을 받았으니 네 생물과 이십사 장로들이 그 어린 양 앞에 엎드리어 새 노래를 부르기를 "당신이 받아서 봉인을 여시기에 합당하나이다, 당신은 죽임 당하시고, 당신의 피 값으로 모든 민족과 언어와 나라들을 하나님께 드리셨으니, 보좌에 앉으신 이와 어린 양에게 찬송과 존귀와 영광과 권능을 세세토록 돌릴지어다" 아멘.

## 묵상시

하늘 문이 열리면
장로들아 모여서 나팔 불어라
보좌에 앉으신 이 앞에서
번개야 춤을 추고 천둥아 소리 지르라

천사들도 열지 못하느냐
두루마리의 봉인을 열지 못함을 슬퍼하며
보좌에 앉으신 이 앞에서
성도들아 울음을 터트려라

십자가 위에서
세상 죄를 지고 가는 어린 양이
각 족속과 방언과 나라들을 피로 사서
하나님께 드리시나니

보좌와 생물과 천사들아 외쳐라
만백성아 소리 높여 찬송 불러라
죽임 당한 어린양이
존귀와 영광 받으시기에 합당하도다

# 요한계시록 6~16장

오늘의 키워드는 **"심판"**입니다.

여섯 개의 인은 네 말과 환난과 대재앙이 동반된 심판의 점진성이요,

일곱째 인을 떼니 일곱 나팔과 일곱 대접이 나오는도다. 나팔 중 처음 네 나팔은 자연의 파괴가 이루어지는 재앙이 시작됨이요, 다섯째와 여섯째 나팔은 인간에게 내리는 재앙이요, 일곱째 나팔은 하나님의 최후의 승리로다.

나팔 재앙을 보고서도 회개하지 않는 자들에게 최후의 대접의 재앙을 천사가 쏟아놓으니 첫째는 독한 종기가 나고, 둘째는 바다의 모든 생물이 죽고, 셋째는 물이 피로 변하며, 넷째는 불로 사람을 태우고, 다섯째는 어둠과 아픔이며, 여섯째는 물이 마르고 거짓 영이 하나님을 대적하며, 일곱째는 성전에서 번개와 우렛소리가 들리고 지진이 일어나 성들이 무너지는도다.

세상의 정권과 사상과 종교가 일어나 하나님을 대적하고 성도들이 고난을 당하지만 하나님의 때가 이르는 대환난의 날에는 그리스도께서 이 땅에 오시어 주의 백성을 구원하심이로다.

### 묵상시

어린 양이 일곱 인을 떼시니
재앙이 지면 위에 일어나고
여섯 천사가 일곱 나팔을 부니
재앙이 온 땅에 퍼져남이요
땅에 사는 자들에게 화,화,화가 있으리라

일곱째 천사가 나팔 부니
이십사 장로가 엎드려 경배하며
하나님의 성전 안에 언약궤가 보이며
번개와 음성과 우레와 지진이 보이나니
믿음 없는 자들아 회개하라

일곱 대접을 천사들이 쏟으매
진노의 재앙이 천지간에 가득하리라
마지막 날에 그리스도께서 오시리니
깨어있는 자는 복이 있도다
큰 지진이 일어나서 큰 성이 갈라지며
바벨론이 맹렬한 진노의 잔을 받으리라

# 요한계시록 17~18장

오늘의 키워드는 **"심판"**입니다.

땅의 왕들이 음녀와 음행하고 그녀의 포도주에 취하였도다.

음녀가 일곱 머리고 열 뿔을 가진 짐승을 탔고, 짐승의 몸에는 하나님을 모독하는 이름이 가득하고, 그녀의 금잔에는 음행의 부정한 것들로 가득하며, 이마에는 '땅의 창녀들과 혐오스러운 것들의 어미'라고 기록되었도다. 그들이 어린 양과 전쟁하나 어린 양이 이기리니, 그 짐승이 음녀의 살을 먹고 태우리라.

바벨론이 쓰러져서 귀신의 거처가 되고, 이방 나라들이 음행의 포도주를 마셨고, 상인들은 사치로 부유하게 되었도다. 하늘로부터 큰 소리가 들려 "내 백성아 거기서 나와 죄에 참여하지 말고 그가 받을 재앙을 받지 말라" 하는도다. 음행하던 자들이 그녀의 죽음을 보고 울며 가슴을 치며 "화로다! 큰 성 바벨론에 심판이 닥쳤도다" 외치는도다.

성도들아 즐거워하라 하나님이 너희를 위하여 그녀에게 심판을 행하였음이라. 천사가 큰 성 바벨론을 바다에 던지니, 세상의 더러운 정욕에 빠진 자는 결국 바벨론 같이 멸망하리로다.

묵상시

땅의 왕들이 음녀와 음행하고 취하였느냐
음녀가 기이한 모습을 하고
하나님을 이름을 모독하며
그의 몸에는 부정한 것들로 가득하니
이 땅의 창기요 음란을 즐기는 자들이라

심판의 날이 다가오면
어린 양이 그들을 이길 것이요
음녀는 그가 즐기던 것들에게 먹힘 당하고
그것들에게 버림받으리라

음행의 이방 나라들은 패망하고
사치로 몸을 살찌운 자들은 망할 것이요
바벨론은 쓰러져서 귀신의 거처가 되고
바다에 던짐 받으리니
화로다, 화로다, 화로다
성도야 죄에 참여하지 말고
기쁨과 찬양으로 하나님께 경배 드려라

# 요한계시록 19~22장

오늘의 키워드는 **"승리"**입니다.

하늘에서 "할렐루야 구원과 영광과 능력이 우리 하나님께 있도다"라고 큰 소리가 들리는도다.

두 번째 할렐루야 소리가 들리고 어린 양의 혼인 잔치가 벌어지니 어린 양의 신부는 빛나고 깨끗한 세마포로 단장하였도다.

하늘이 열리며 백마 탄 그리스도의 군대가 나타나서 짐승을 섬기는 악한 자들을 진멸하는도다.

붙잡힌 짐승과 거짓 선지자들이 결박되어 무저갱 속에 천 년 동안 갇히고, 핍박 받고 순교 당한 성도들이 부활하여 천 년 동안 다스리며 왕노릇 하리라. 천 년이 차매 사탄이 풀려나 사방 백성을 미혹하여 성도들의 진을 두르고 하늘에서 불이 내려와 그들을 태우고 그들을 미혹하던 마귀를 불과 유황 못에 던져 괴로움을 주리라.

새 하늘과 새 땅이 열리고 보좌에서 큰 음성이 나서 이르되 "나는 알파와 오메가요 처음과 마지막이라 내가 생명수 샘물을 목마른 자에게 값없이 주리니 이기는 자는 이것을 상속으로 받으리라" 아멘, 할렐루야

## 묵상시

백마 탄 자가 오신다
십자가의 피에 젖은 옷을 입었는데
그 이름은 하나님의 말씀이니라

인간을 죄의 늪으로 몰아 넣은
사탄을 결박하여
천 년 무저갱에 던지고
성도의 아름다운 승리의 노래를
들으시는도다

잠시 풀려난 사탄이 전쟁을 일으켜
세상을 전복시키려 하나
하늘의 불이
그들을 완전히 태워버리는도다

보좌에서 흐르는 물에 나무가 자라고
열두 가지가 열매가 만국을 치유하나니
고난을 이긴 성도들아 즐거이
승리의 노래를 부를지어다

# 각 종교들의 특징 1

| 영지주의 | 안식일교 | 여호와증인 | 몰몬교 | 뉴에이지 | 통일교 |
|---|---|---|---|---|---|
| *시몬 마구스(1세기)<br>-행8장에 나온 마술사<br>*페르시아, 이집트, 유대교, 헬레니즘철학, 점성술의 혼합종교<br>*선한 아버지<br>-천상계(12에온)<br>*창조주(데아루고스)<br>-소피아의 타락으로 만들어진 존재<br>-우주와 인간을 창조<br>*교리의 끝없는 생성<br>*영이 육에 잡혀있음<br><br>*윤회: 4층에서 유죄 판결 받으면 쫓겨나 환생<br>*심판: 5층천<br>*구원: 7층천에서 대답을 잘하면 10층천까지 올라감(질문에 대한 답은 '그노시스')<br>*신당 성사 | *밀러(미국,1831)<br>*삼위일체 부정<br>*토요일 안식일 준수<br>*한국(1945)<br>*병역거부 집총거부<br>*삼육:지육, 덕육, 체육<br>*예수의 신성 부인<br>*성령은 하나님 아님<br>*계명 지키면 구원<br>*범하면 사망<br>*선한 행실로 구원<br><br>*재림 주장:<br>-1831~1844<br>-1844 4 18<br>-1844 10 22<br>-1845 2<br>-1845 10 22<br>-1850 말경<br>-1851<br>*구원:144000명 | *럿셀(미국,1870)<br>*시온의 파수대, 깨어라<br><br>*하나님 부정<br>*예수는 하나님의 최초 피조물이며 천사장 미가엘이 예수<br>*예수의 신성 부정<br>*성령은 인격체가 아니다.<br><br>*병역 거부, 집총 거부, 수혈 거부, 직업 포기<br>*부활: 예수의 몸이 죽고 영이 살아났다<br><br>*종말론<br>-1915<br>-1916<br><br><br>*구원:144000명 | *요셉 스미스(19C초)<br>*킹제임스성경. 몰몬경. 교리와 성약. 갑진진주<br>*말일성도예수그리스도교회<br><br>*하나님: 엘로힘. 육체를 가지셨다. 지상에서 살다가 승천한 분<br>*예수: 여호와. 사단의 형제<br>*예수는 결혼했다<br>*성령: 영체만 하나님.남자이다<br><br>*비밀종교인 메이슨교에서 영향 받음<br>*점성술, 강신술, 마술 혼합종교<br>*신전 결혼식<br>*대신 침례<br>*일부다처제 | *신지학협회(1875)<br>*혼합종교(바벨론, 힌두교, 불교, 영지주의, 요가)<br>*두뇌혁명 통해 정신세계 발견해야 한다.<br>*허무주의 실존주의<br>*제2의 르네상스 운동<br>*범신론(눈에 보이는 모든 것이 신이다)<br>*천국 지옥 죄의 부정<br>*목표: 세계 단일정부<br>*명상을 통해 구원<br><br>*인간의 신격화<br>*진보주의(진화론)<br>*윤회사상<br>*죽음: 껍데기인 육신을 바꾸는 것과 같다<br>*자연 소리: 평안,명상<br>*락음악: 신비주의<br>*기독교와 무관한데<br>*기독교와 비교 인용 | *문선명(1920)<br>- 유일의 구세주<br>*원리강론: 우주의 근본이 음양, 그 '도'가 말씀(요1:1~3)이다<br>*죄: 아담 하와의 성행위 결과가 선악과요 그것이 죄의 근원이다<br>*구원: 죄 씻는 행위는 죄의 반대 경로인 피갈음(성적 행위)에 의해서만 가능<br>*36가정이 복귀원리(피갈음) 대행<br>*합동결혼식: 1960년 시작했고 헌금 받는다.<br>*성경은 원리강론 완성할 때까지의 교과서<br>*예배 때 '나의 맹세', '가정 선서' 실시<br>*참부모(문선명) 이름으로 기도를 마친다 |

도표 7. 150일 성경통독 2019. 윤 석

# 각 종교들의 특징 2

| 애천교회(JMS) | 베뢰아 | 하나님의교회 | 신천지 | 만민중앙교회 | 구원파 |
|---|---|---|---|---|---|
| *정명석(1945)<br>-재림메시아(문선명은 엘리야)<br>*통일교에서 2년 활동<br>*세진아(원리강론 요약)<br><br>*중심인물론<br>-수신-제가-치국-평천하<br>*성자: 중심 때문선 부근<br>*영계론<br>-인간의 사후에 머무르는 곳<br>*선악과독: 성적 타락<br>*아담: 구약의 조상<br>*예수: 신약의 조상<br>*메시아: 하나님과 성령으로 일체된 자<br>*재림<br>-예수승천-JMS재림 | *김기동(1938)<br>*재럼이 임음보다 우월<br>*자신의 설교의 시작은 하나님으로부터 시작됨<br><br>*예수는 본래 하나님 아버지의 이름이다.<br>*구약시대의 '하나님'의 받으셨다고 함<br><br>*신을 천사로 본다<br>*신약시대의 '권능은 천사의 동작<br>*마가다락방의 성령은 성령을 수행한 천사<br>*우주는 타락한 천사의 감옥이다<br>*최초인간: 생물 동물직, 구원 없음, 네피림<br>*영적 최초 인간: 아담 많은 자에서<br>-(내보 자에게)<br>*본러 자(믿2:15)<br>*불신자 죽으면 귀신<br>*질병의 원인-귀신 때문 | *안상홍(1918): 재림예수, 성령하나님(보혜사)<br>*장길자- 하나님 신부<br><br>*다윗: 40년 통치했는데<br>*예수: 3년 통치했으니<br>*안상홍: 37년 채워야 함<br><br>*지상천국- 중암 연구근 진메면 전의신<br><br>*구원<br>-성부시대(하나님, 사43:12)<br>-성자시대(예수, 행4:12)<br>-성령시대(안상홍, 벧전2:4, 계2:7)<br><br>*중암- 지구가 사라짐<br>*고중제림- 안상홍<br><br>*구원-144000명 | *이만희(1931)<br>-보혜사 성령<br>-예수의 대언자(요16장:7.25, 계2:17)<br><br>*양태론- 성자와 성령<br>*성자(신부)<br>*성령(신랑, 성부도 성령의 본체)<br>*다른 실이일체 주장 (예수, 성부, 우리 안에서 성부성자성신일체)<br><br>*예수의 부활은 육이 아닌 영이 부활이다<br>*인간: 아담 전에 존재 물고기로 비유 합1:19<br>*재림장소- 경기 과천(슥14:8)<br>*부활- 음좌시(신1:9-11, 3:15, 6:10, 행17:18,24:15)<br><br>*구원- 144000명 | *이재록(1943)<br>*직통계시론<br>*전국: 낙원과 4층천<br>*믿음 5단계와 전국<br>-믿음 없는자의 가는 곳<br>-믿음으로 연관된 받음<br>-믿음, 영광이 연관관<br>-믿음, 생명이 연관관<br>-믿음, 의의연류리 받고 세계루삼렘 들어감<br>*영계 동연론 주장<br>*자신이 생명이 없음으로 죽을 씻어냈다고 주장<br><br>*성경하신슬 한정배를 통해 직통계시로봄<br>*1998 기도할때에 하나님이 강림하심 주장<br><br>*짐승은 죄에서 온다<br>*바닷물을 인수하니 기적의 생물이 됨을 주장 | *딕욱(1961)<br>*기독교복음레회<br>-권신찬,유병언,<br>*예수교 복음 진레회<br>-이요한(이복칠)<br>*대한 예수교 진레회<br>-박옥수<br><br>*인간 창조 이유: 하나님과 짝 될 신부가 없음<br>*구원: 영의구원, 진리를 깨달아야<br>*진리를 깨달으면 다시 범죄도 없고 회개도 필요없다<br>*좌: 율법으로 죄를 깨달음 (죄사함 받으면 구원 받음)<br>*범죄: 죄의 결과로 나타나는 현상<br>*성개연 부정 |

도표 8. 150일 성경통독 2019. 윤 석

그동안 수고 많으셨습니다.
성경 통독 하시면서 변화된 것이 있습니까?

성경 읽는 순간 성령님은 당신(벗)을 돕고 계셨습니다.
1년에 2독은 충분히 할 수 있습니다.

150일 성경통독팀이 평생 통독팀으로 이어지면 좋겠습니다.
이제 당신(벗)은 성경 통독의 리더자입니다.
성령님의 능력 안에서의 자신감을 가지고
주변의 사람들과 또 다른 한 팀을 꾸려보시기를 권합니다.

하나님의 말씀이 가득 퍼지는 아름다운 세상...
하나님의 사랑에 가득 안기는 행복한 당신(벗)을 위해 기도드립니다.

너희는 먼저 그의 나라와

그의 의를 구하라.

그리하면 이 모든 것을

너희에게 더하시리라. (마6:33)

【 참고서적 】

개역개정큰글성경, ㈜아가페
ESV스터디바이블(부흥과 개혁사)
하이라이트 성경(넥서스 CROSS)
IVP적용주석(솔로몬)
IVP성경난제주석(한국기독학생출판부)
성경 해석학 총론(생명의 말씀사)
구약 선지서 개론(크리스찬 다이제스트)
모세오경 바로 읽기(성서 유니온)
신약 성서 신학(크리스찬 다이제스트)
바울신학(크리스찬 다이제스트)
공동서신의 신학(이레서원)
신학의 통일성(부흥과 개혁사)
기독교 인문학(부흥과 개혁사)
영지주의—그 민낯과의 만남(한남성서연구소)
이단종합연구(기독교이단문제연구소)
히브리서(홍성사)
예수 복음서 사전(요단)